시의 영혼이여

김성호시집

시의 영혼이여, 높이 솟은 고봉高峰의 고독한
이 땅의 삶을 안고 푸른 하늘로 날아오르라.

성미출판사

머리말

  음악이 청각 예술이라면 시는 시각 예술이다. 모든 예술 작품에는 작가 정신과 더불어 작업 당시의 심정과 상황이 반영되기 마련이다.
  자연을 하나의 풍경으로만 보지 않고 그 존재론을 부각시키는 시인은 생명이 태어나고 죽는 자연 현상을 통해서 삶의 의미와 가치를 이끌어낸다. 시인은 맹목적으로 세상을 낙과하지 않을 뿐더러, 그 목표물을 찾는 것에 목말라하는 인생들에 그 상상의 목을 축여 주는 이면 성을 지니고 있다. 즉, 인간에 대한 깊은 통찰력 바탕에서 삶을 향한 노래를 인류에 들려주면서 그 인생들로 하여금 때로는 애환 어린 심금을 부각시키면서 사물을 예로 들어 기쁨으로 어루만져준다.
  각자 나름대로 사상을 지닌 시 자체는 인생을 논하는 철학이 아니다. 마음가짐이 순수한 시인의 시는 순수할 수밖에 없고, 보복 심리로 시를 쓰는 시인의 글은 격발할 수밖에 없다.
  인생을 말하면서 인생의 비전을 시상으로 밝히는 문학은 누구나 다 알고 있는 성질대로 허구에 바탕을 두고 있다. 이 허구가 다음 순간에 말 그대로 허망虛妄감에 빠져들게 하지 않으려면 상상이 이룩하려는 작품성이 궁극적으로 뛰어나야한다.
  시간과 공간을 넘나드는 문학 감상은 사물의 근원과 섭리를 드러내는 거울이다. 개중에는 인간성을 뛰어넘는 오묘한 작품으로 독자들의 감성에 자극을 끼치기도 한다.
  남들이 보지 못하는 속성을 들여다보는 작가는 탐색을 좇는 관심종자이다. 늘 촉각을 세워 시상을 좇는 시인의 정신력은 예민하다. 그 예민성으로 시인은 현실과 환상세계를 넘나든다. 자신의 언어로 자유로운 시(작품)를 생성해내며 불특정 다수들과 유대를 나누는 방식은 예술인들의 특징이다.

 디지털에 밀려 종이책은 독자들과 멀어지고 있다는 이야기는 어제오늘이 아니다. 더구나 과학기술 분야는 물론 미술과 음악 같은 예술 활동에서도 놀라운 역할을 넘어서려는 AI의 발달로 국민적 독해력이 약해지고 있는 현상을 우리는 똑똑히 목도하고 있다. 비판적 사고 능력도 현저하게 떨어질 수 있다는 의견도 팽팽한 지경이다. 이런 가운데서도 AI에 글쓰기를 맡기는 의존보다 머리를 짜내 한편 한편의 시를 꾹꾹 눌러 발굴하는 문필가들이 있어 사람이 주체인 사회 감성을 메마르지 않게 하고 있다.

 어렸던 소년 시절에 또래 아이들과 기마전놀이를 하다 다리 골절상을 입은 적이 있었다. 미군부대 병실에서 깁스를 해줬다. 목발 생활 이 개월여 동안 학교출석은 거의 못 했으나, 그 덕분에 교과서 아닌 일반 어린이 책을 접하게 되었다. 위인전기 집과 동화책을 읽으면서 무형의 상상 세계를 키웠다. 이 바탕에는 체계와 전혀 무관한 설익은 문학성이 내재 되어 있었기에, 그토록 독서 삼매경에 빠져들 수 있었다. 이러했던 소년이 어느 덧 나이든 어른이 되었다. '백리 밖에서 난 음식은 먹지 말라' 라는 옛말이 있다. 이 시집의 거의 시편들은 노인에 해당되는 내용을 담았다.

 오늘에 서서 지나온 과거를 돌아보지만 나를 이끈 주체의 대상은 기독교신앙과 문학이었음을 고백한다. 또한, 책을 읽어주는 독자들이 계셨다. 이 지면을 통해 독자 분들께도 감사의 인사말을 전한다.

2025년 07월
서재에서

목↔차

머리말
시의 영혼이여(序詩)

제1부
10=우리 간의 축복
11=땅도 알고 하늘도 알고
13=해방을 보리
14=하늘나라의 기쁨
15=친근감
16=너의 발자취
17=귀가 시리다.
18=깊은 조화
19=온화
20=봄추위
21=지금 이 순간
22=사랑하는 딸아
23=너의 여름밤
25=회오리 가운데
27=경지에 오른 사람이 아니라
30=노인의 돋보기 눈
31=난방이 따로 없군.
32-내일의 열매
34=일탈
36=이름 없이 빛도 없이
38=안개 인생
40=기다리는 노인

42=침상 노인
44=맥박
46=희망은 중심 삶의 불꽃
47=옆집 과부
48=오늘 삶 어제의 힘이었음을
49=백발의 노인이여
50=늙지 않는 시력
52=조개 줄
53=나는 시간의 크기를 안다.
54=무료감을 달래준 친구
55=쌓인 연식年式
57=연식年式이 높으니
59=낭패
61=나약한 시인
62=도심 지하에서 쓰이는 시
63=글쟁이
65=그리는 여생
66=먼 세월의 친구
68=먼지 길
69=아내의 첫 직장
70=여인의 뜨개질
71=어딘지 모르는
72=한 송이 설화
73=등에 업힌 손자
74=시부와 며느리
75=해물 녘
76=여정의 짐 벗고
78=지어준 이름

79=어느 신령의 기운일까
81=매운 해풍에 뺨이 시리다.
84=안개 주변
85=황홀한 이 밤
86=시름
87=들녘 제비꽃 이미 졌고
88=부부 연 맺은 두 노인
90=밤도 밤의 언어로 속삭인다.
91=땅속의 목소리
92=재봉사들의 전시장

제2부
94=골짜기 씨름
96=중심 삶의 불꽃
99=빛과 그림자의 교류
100=나의 속 체질은
101=귓결의 들바람
103=내 영혼은 맑고 푸르다.
105=자연은 신선하다.
106=그대와 나
108=미소를 짓는 늙은 수목
110=세끼 밥을 먹인 하루하루
112=낚시터 대화
113=날개 비비는 목청
114=거칠게 무서운 세상
118=무서운 파도 물결
122=코로나19
124=생물의 생기

125=두들겨야 열린다.
126=그대는 유일한 창조물
129=정체성 감각
131=도전을 불태우는 노인
133=백발의 지혜
134=공소의 미움
135=어느 한날
136=100세 인생 한 점에 불과
140=노인의 날
142=가을 아침
144=가을아!
145=오늘 그대가 할 일
147=폭우
149=그 볕
151=밤의 자유
155=자유로운 왕래
156=낮은 수온
157=뱀에게 자식 빼앗긴 노파
후기

서시序詩

시의 영혼이여

시의 영혼이여,
높이 솟은 고봉高峰의 고독한
이 땅의 삶을 안고
푸른 하늘로 날아오르라.
주님이 너에게 은총을 내릴 참배 장소
그 길을 알지 못한다면
따뜻하며 부드러운 목련이 핀
비탈의 언덕에서 쉬고 있어라.
내 곧 그대를 만나러 사시사철
정원이 아름다운 마을을 출발하리.
우리의 옛 정 이야기 담은
가슴 속 기억 꺼지지 않도록
다복했던 추억의 불씨를 안고
발걸음 떼어 출발하리.
오, 너무나 높은 시의 영혼이여,
불타는 눈빛으로
수평 너머 사랑하는 이를 그리워하는
쓰라린 비탄을 품은 그대여,
그 소중한 의미를 실은
시구에 맞춘 노래를 부르며
모두를 아우르는 화합을 이루자.

제1부

땅도 알고 하늘도 알고

욕망을 안고
희망을 불태운다.

우리 간의 축복

한뜻으로 동화된 마음이 마음을 향해
자애로운 미소를 짓는다.
손은 손끼리
함께 거니는 소소한 행복
명랑한 시선이 위로 쳐들린다.
화창한 천지를 둘러보는 성스러운 눈길
아름답게 즐거운 엄청난 이 변화
훨훨 날듯이 가벼워진 양어깨
하나님이 내리신 우리 간의 축복

수풀 가운데서 볼 예쁜 빛으로
우리 둘레를 나비처럼 날던
꽃 봉우리 소녀는 어디 갔나.

땅도 알고 하늘도 알고

욕망을 안고
희망을 불태운다.
힘차게 달리다 숨이 차면
나무그늘 짙은 바위에 앉아 쉬며
그 가지에서 우짖는 새소리 듣다
다시금 새 기운 얻은 가속으로
힘차게 달린다.

밑도 끝도 없이
욕망의 고통을 불러일으켜
괴로움에 떨게 하는 멍에서
나는 벗어날 수 없음을 고백한다.

또한, 불안과 허망의 잔을 마시려는 미혹도
피할 수 없음을
땅도 알고 하늘도 알고 있다.

그러나 나는 그 속에서
구원의 손길을 깨닫는다.
내가 장차 머리 숙여 들어가 안식을 누릴
그 날의 동산을 예비하신 신령의 섭리를-
기쁨의 도움 없이는 생명을 키울 수 없노니
이제야 비로소 은총에 눈을 뜬다.
그동안 모순하게 봐왔던 삼라만상
저마다 신령한 빛을 발산하는

생명의 약동을 지녔음을 비로소 깨닫는다.

만물의 시원始原에 눈을 뜬 나
한길을 오가는 사람들이
새삼 더없이 미쁘게 반갑고
어느 곳이든 신비로 가득 찬 세상
비로소 보좌의 천상에 닿는다.

보이는 사물만을 섬겼던 옛 시절처럼
아침이면 일어나 세수하고
밤이면 잠자리에 드는 일상
변한 건 아무것도 없으나

무한하게 열린 신비의 눈에는
모든 것이 새롭게 솟는 샘물이요
모든 것이 새롭게 피는 새순이라
평화하기 그지없다.

희망이 끝없이 펼쳐져있는 수평
시간을 벗는 저물녘
밤하늘 별들이 멱을 감는 강물
오래고 오래인 돛배

해방을 보리

어둠은 빛으로
절망은 소망으로
두려움은 놀라운 기쁨으로
천지가 한 순간에 바뀌는 그날
집밖에서 두드리는 음성을 듣고
문을 열어 주님을 반겨 맞는 자마다
허위가 농락하는 온갖 속박에서 풀리는
해방을 보리.

정심이 깃든 말에는 웃음이 번지고
꽃이 지면 열매를 맺고
산이 무너지면 물길 흐르는 평화를 다지실
당신이 다시 오신다는 전조
그 은혜로운 말씀의 주님을
기다리는 믿음 자들
그와 더불어 먹고 마시리.

하늘나라의 기쁨

색동저고리 입은
작은 손에서 시작된
아롱아롱 빛깔로 가득 채워진
신록의 오월

꽃이 피고 지는 들에서
나비 쫓으며 풍선 날리며
새들이 노래하는 산에서
맑은 공기 마시며
마음껏 뛰노는 어린이들 속에서 자라는
눈부신 미래의 밝은 햇살

비늘 고기 노니는 물소리
구름 그림자 앉은 새순 잎 소리
세상을 바꾸는 하늘나라의 기쁨

친근감

나는 밖의 실상들에 매혹되어 있다.
가치가 낮아 보이는 평등이
친근감으로 다가오고 있다.
교회 뜰에 들어서자마자
두 손을 가슴에 붙여 인사하는 성도
교회 봉사 마치고 돌아가는 발길을 멈춰
십자가상을 향해 기도 올리는 부부
섬기는 그 겸손의 보답이던가.
어제까지 보지 못했던 정원의 붉은 장미
고운 낯빛으로 반긴다.

너의 발자취

나뭇가지에서 떨어져 나온 잎사귀들
땅을 뒹굴며 서로의 뺨을 비비고

네게로 향해 두신 주님의 눈동자
너를 광명의 길로 인도하시리.
해가 비추는 평안을 원하시는 주님께서
너를 높여 지경을 넓혀주시리.

밝은 방향으로 가지를 뻗는 나무처럼
해 비춰드는 양지쪽으로
한발 들이려는 너의 발자취
죄 짐 벗은 푸름 신성하구나.
한층 자라 세상을 보다 넓게 품는
신의의 믿음 독보하구나.

눈과 눈을 맞추어라.
눈길이 눈길과 만나면 생기가 핀다.
사랑은 머리로 헤아리는 각자 도색 아닌
마음과 몸이 하나로 합해졌을 때,
반사 행동인 심장 뛰는 소리를 듣게 되리.
그대 눈동자에 새겨진 내 이름
접촉하라.
세상 보는 안목이 달라지리.

귀가 시리다.

애수에 찬 깊은 눈
천지분간 못 하는 어둠 가리고
내 가슴에 들어와 앉는다.
어떤 예감을 실은 바람결에
귀가 시리다.

하나의 목숨으로 관계 오래인
만지면 향내 퍼지는 옷자락
돌아볼 것 없이 숨이 정지된다.
풀잎보다도 가벼운 나
이슬 내리는 길을 걷는다.

깊은 조화

어제는 신록의 봄
오늘은 뜨거운 여름
깊은 조화의 품안에서
향기와 색채가 어우러진 음향으로
서로 화합하는 자연
흐느끼는 바람이 스쳐 지나면서
구름 떼 몰고 들어온다.
유유하게 신선 놀이하는
고요하게 떠 흐르는 구름을
나는 사랑하노라.

온화

오래토록 꺼지지 않고
타는 불꽃
순환된 내적 체험
무색의 장엄
무취의 우아
생명 있는 진실
온화 깃들어있다.

봄추위

달빛 사라진 밤하늘
찬바람 맹위 떨친다.
감나무 가지 꺾이고
마당파라솔 스러지며
바닥에 누워버렸다.

봄 물리려 몰아친 추위
버들 꽃 흰 눈에 덮였다.
솔가지 눈송이 떨어지며
흰 바위에 기념비 세웠다.

지금 이 순간

지금 이 순간의 시간은 소중하다.
그 시간 헛되이 흘려버릴 순 없다.

사랑을 시작한 사람에게는
목이 멘 승배에 시간 흐름이 더디고
견딜 수 없는 그 기다림의 한 달 안에
사랑을 완성할 수 있다는
그 반대 개념의 질투로
그 사랑을 완전히
부숴버릴 수도 있다는 망상에서
좀처럼 자신을 놓아주질 않는다.

사랑하는 딸아

사랑하는 딸아,
오솔길 나무가 홰를 치는 사아사이로
살 붓지 않은 햇살을 반짝이는
풀 향기 맡으며
시냇물 흐름 듣는 너의 소소한 숨결
생명을 나누는 힘이라
나는 기쁘단다.
나의 느린 절름발을 기다려 주는 주의력
조금 처진 나를 등 뒤에서 밀어주는 온기
내 비는 마음은 너의 앞날 절대 밝으리.
화려하지 않아도 정결하게
가진 것이 없어도 감사하며 사는 삶
작은 것을 크게 보고 큰 것을 작게 보자.

너의 여름밤

가장 완벽한 상태인 자연은
어떤 불순한 것에 훼손되지 않는
외부의 영향력을 차단한
본원적 생동의 성질을 안고 있다.

너의 여름밤 어디서나 풍요가 넘치고
어디서 그렇게 많은 수 몰려들었는지
여류 시인들의 선율 고운 시 낭송 귀담아 들으며
스러지는 사랑을 불태우는 남성시인들

그녀의 순수한 영혼, 몸뚱어리 예쁜 가슴
초롱초롱 눈동자 멀다 먼 별빛 같구나.
낭송 마치고 무지개 속으로 사라지는 그녀
남정네들 다투는 갈망의 시선으로 쫓는구나.

어느 경로로 너의 푸른 집 문으로 들어가랴.
어떻게 어디로 해서 가장 안인 너의 마음과 만나랴.
너의 너다운 속살의 그윽한 향기
바깥에서만 맡으려니 속이 아리도다.

어떻게 머리를 써야 너에게 닿을 수 있을꼬
어떤 수단으로 너의 눈과 맞출 수 있을꼬
육신은 마른 흙, 그 마름을 적셔주는 물
바다보다 더 설레는 나의 사랑이여,

너는 하늘의 빛 그 자체
밖의 빛으로는 그 안을 밝힐 수 없어
그 안을 들여다 볼 수가 없구나.
나의 끝 나의 근원은 아닐지라도-

너만을 위해 꼭꼭 숨겨둔 그 옹달샘 마시며
오래 묵은 갈증을 풀고 싶구나.
머나 멀게 나 혼자 아닌
그대와 영원한 귀속을 꿈꾸며-

회오리 가운데

나이는 들어보여도 군살 하나 없는 탱탱한 피부
입 꼬리가 귀에 닿도록 해맑게 활짝 웃어
밉지 않았던 푸른 시절을 깡그리 잊고
고통의 괴로움으로 방위에 갇힌 이여,
삶을 타락시키는 절망의 공포에 떠는 이여,
모자라지 않게 한없는 채움을 받으며
인간 본질의 문제에 아무런 갈등을 겪지 않던
그 행복시절의 희망의 환상으로라도
피폐의 슬픔에서 벗어나기를-
사람이 살기 위해 뿌리고 가꾸는 곡물재배에는
벌레도 그 잎에 둘러붙어 생존을 유지하지 않는가?

선한 이는 덕을 쌓아가며 악성을 물리치나
선행의 빛은 악인의 행실에서 부각되고

죄 없는 자는 고난을 받고
부조리한 인간이 편안한 여생을 보내는
이 땅의 불평등은
피땀으로 들어선 안착보다
배워서 아는 감각과 촉수의 눈으로는
도무지 받아들이기 힘이 드나
상황과 조건의 구분 없는 진실을 지킴은
그대 책임

현대 문명이 파괴해 버린 인간성

메마르고 번잡한 도심에서 모든 것을 잃고
가장 밑바닥으로 추락한 인간은
얼마나 거짓된 흑막에 사로잡혀 있는가?
더는 아무것도 볼 수 없어
의존이 불안정하여 결국에는
회오리 가운데 좌정해 계시는
하나님 앞에 무릎을 꿇는 나의 영혼

 "나의 재능이 충분히 꽃필 때까지
세속으로부터 지켜 보호 하소서,"

경지에 오른 사람이 아니라

조금만 움직여도 비지땀 흘리게 하여
우호를 둘 수 없는 한낮 여름
심중이 무겁게 가라앉은 하늘
권태에 신음하는 사람들의 마음을 짓누른다.
희망에 져서 서럽게 울부짖는 그들은
겁먹은 박쥐들이 이벽 저 벽에 부딪치듯이
썩은 천장에 머리를 박는 저편으로
빨려 들어간다.
거미가 자신의 몸에서 빼낸 줄로써
그들이 넘나드는 복판을 지키며
먹잇감으로 붙들어 맨다.

언제부터인지 나를 대하는 사람들의 태도가
크게 달라졌음을 느낀다.
먼저, 내 앞에서
재채기를 가려서 하는 것을 볼 수 있었고
혀 아래에 감춘 말의 입술을 씰룩거릴 뿐이다.

살아있는 사람들의 이야기는 오늘도 이어진다.
때론 죽은 이가 다시 등장하기도 한다.
사람은 배우지 않으면 정체에 머무른다.
젊음의 혈기가 많이 진정된 나는
아직도 배움에 목말라있다.
경지에 오른 사람이 아니라 그렇다.

나는 채에 두들겨 맞아야 힘차게 도는 팽이처럼
나의 모습이 항상 살아 숨쉬기를 원한다.
그래서 바라는 바는 성장을 위한
지적이나 야단을 기대한다.
당장 기분 상하게 하는 쓴 소리는
시든 영혼을 깨우는 땅의 약효
어린아이 시절로 돌아가 부모가 매일
이를 닦아주거나 양치질을 지도하는 것처럼
나는 단계를 밟아 오르는 정서의 꿈을 꾸고 있다.
한데 어른의 공경 때문이지
무덤덤한 예로만 대하는 사람들이 늘었다는 점이다.

변명의 여지가 없다.
나는 나로써 나의 존재이지
결코 타인일 수 없다.
나의 만족이 크든 작든
그것은 바로 나의 몫이다.

밝지도 어둡지도 않는 시간 때면
사람은 감상에 젖는 신비감에 싸인다.
오늘을 어제로 착각하는 경우가 간혹 있다.
즐거웠던 회상이 미소를 머금게 할 때이다.

인생 행복의 정체는 과연 무엇일까?
누구에게나 같지 않겠으나 베푸는 나눔이다.
이웃의 편의를 돕는 희생의 봉사는
사회를 밝히는 빛이다.
누워 지내는 환자를 식구처럼 돌본다거나

길을 찾는 사람 안내가 좋은 예이다.
형제처럼 좋은 친구가
그 안에 들어있는 것이 뭔지를 알도록
가슴을 열어 보이라.
숨기지 않는 진실의 가치는 신뢰 쌓음

빛의 동반 체는 그림자
빛이 식물들의 성장을 돕는 양분이라면
그림자는 본체와는 뗄 수 없는 영원한 동반자
신실함과 유순함이 증진되는 행복!

장수 바라지 않아도
여유 넘치는 우정이 숨 쉬는 지금 이 시각
끌어 주는 힘
밀어주는 배려
세월이 무슨 소용
우정 뜨거운 친우들이 나이를 먹이지 않는 걸

노인의 돋보기 눈

호흡은 생명의 허파이다.
그 숨결을 듣고 있다는 건
기력이 살아 있다는 것

노인의 돋보기 눈동자 고요하다.
나뭇가지 흔드는 바람도
그의 꿈꾸는 침묵만은 깨우지 않으려
가만히 지켜보고만 있다.

노인은 한 모금의 물로 목을 축인다.
한 부모를 둔 형제들
세월에 묻힌 추억은 절로 미소를 머금게 하고
가난한 양식으로 키운 올망졸망 자녀들은
세상살이 피로 잊게 하는 심금이었다.

나의 생활의 뿌리는 그렇게 내려졌다.
그 위안은 세파를 이겨내는 든든한 버팀목이 되었다.
한 가지 반성하는 후회는 젖빛같이 성질이 고운
아내의 속을 무던히 썩였었다는 자백이다.

난방이 따로 없군.

 "어르신, 날씨도 차고 하니 이제 그만
댁의 따뜻한 아랫목에서 시린 발 녹이시죠."
 "에끼, 이 사람! 잇댐 건
감기 한번 걸리지 않은 이 몸일세."

 "영감, 겨울 밭 무슨 일거리 있다고
몸 얼려 돌아오는 게요.
그 언 손 아랫목 구들에 되작거려 뜨거운
내 엉덩이 밑으로 어서 밀어 넣구려."

주머니 손 오물오물
겹쳐 얹어진 아들놈 손
또 한 주머니에 손자 손
난방이 따로 없군.

내일의 열매

아버지는 가족의 머리
어머니는 그 마음
자녀들은 내일의 열매
아버지의 권위는 슬기로운 지혜에서 세워지고
어머니는 언 손을 녹여주는 사랑이고
본받아 자라는 자녀는 내일의 보루

딸내미 수다에 아버지주름 펴지고
어깨 떡 벌어진 늠름한 아들의 체격은
엄마의 잔주름 잊게 하고
자녀들의 평범한 자유
들판에 꽃이어라.

사무실에서 해살 쬐는 창밖을 내다보며
차 마시는 아버지
감성 깊이에서 불쑥 솟는
불꽃을 발견한다.

침상에 누워 자는 엄마를
난데없이 깨우며 보챘던 아이들은
동창을 여는 태양이었다.
누구에게나 차별 없이 동등하여
아무것도 아닌 듯싶은 그 빛이
만일, 구름 뒤로 자취를 영영 감추고
어둠만이 운행되었다면

우리 아이들 인격이 돋보이는
밝은 세상을 알지 못했을 터이고
자신의 눈으로 삼라만상에 목을 축여주는
강물의 흐름도 깨닫지 못했을 것이다.
새삼 하늘의 섭리를 되돌아보게 한다.

일탈

예약 잡은 주말 여행지로 가는 기차 안에서 있었던 일이다.
옆 좌석 승객은 차창 밖 석양빛에
그러잖아도 굉장한 미모에 스물 예닐곱 윤기가 더해져
곁눈질 거리게 했던 향수 피부에 반해 버렸다.

생존 욕망이 끼지 않은 모습은 고요했다.
그 새로운 인식은 새삼 연애감정을 불러 일으켰다.
젊음의 힘찬 애정이 용솟음쳤으며
그 뒤로 애잔하면서 쓰라린 감정이 분절로 일었다.

아픔이 그 상처 치료에 힌트이듯이
두 부류의 한쪽 감정은 유부남이라는 현실이었다.
서로 비교는 매력 잃은 아내의 몸매에 신물을 느끼게 했다.
40년 넘는 세월을 함께 해온 수련의 배반이었다.

스물한 살 나이인 그녀의 눈빛은 순수했다.
속내의 의존에 비해 사귀어 가는 연애감정은 미지근했다.
자신을 다스리는 능력이 탁월하다 할까-?
덤비는 강요 없이 편안하게 대해 주는 데 정성을 썼다.

그런 그녀와의 결혼 덕분에
가정의 안정된 기초를 잡을 수 있었고
간혹, 불일치 의견으로 언쟁을 벌이기는 했으나
형제우애와 세 자녀도 바르게 성장할 수 있었다.

어이가 없었다.
미인의 아름다운 기준을 멋대로 설정해 놓고
늙은 몸매에서는 더는 달콤한 꿀맛을 볼 수 없다는
저울질 곤경에 처한 꼴은 아무래도 비 이성했다.

양심을 건 불편한 저항을 곁에 앉혀두고
올챙이 시절을 잊은 포만감에 사로잡혔던 탓일까?
키워진 욕망의 정형을 물리치려 하기보다
정해 놓은 정답에 매달리는 합리에 심기를 붙였었으니-

결국 마음이 이끄는 대로 바람을 타고만
기차 안 그 처녀와 정욕을 푸는 이탈을 저지르고 말았다.
제비가 머리를 날갯죽지 밑으로 묻듯이
모범을 깬 외박이 잦자 아내에게 들통 나고 말았다.

나에게 처녀성을 활짝 열어준 그녀는 화가지망생이었다.
우수에 잠긴 가련한 성향을 지니고 있었다.
추위에 떠는 외로움을 달래보려
아버지뻘 남자 품에서 초췌하게 마른 음경을 되찾았다.

그녀는 나의 마음을 쥐고 있었다.
한 지점을 바라본 무의식 영상이 지워진 뒤로
영혼이 파닥거리는 기운을 느꼈었다.
우리는 도란거리는 눈빛을 오래토록 교환했다.

이름 없이 빛도 없이

절망은 회생과 죽음의 양날을 안고 있다.
그 방향을 어디에 맞춰두고 걷는가에 따라서
아이들이 던져대는 돌을 날랜 동작으로 피할 수 있고
관념에 갇힌 사람은 구제와는 거리가 멀다.

세월은 시대를 밀어내는 힘이 있다.
뒤로 빠지거나 앞서갈 수 없는 한 결의 세월과
오랜 시간을 함께 해온 모든 피조물은
연륜 짧은 세대들에게 무대를 물려준다.

생산으로 움직이는 사회는 두 부류부터 밀어낸다.
병든 환자와 기력이 쇠해진 늙은이다.
왕은 그 직을 영원히 누리고 싶어 한다.
그러나 육신의 퇴화에는 용인은 없다.

신체를 놀리는 것은 운동부족 동반과
정신력을 썩힌다.
생각을 멈춰두는 것은 지능저하 동반과
지혜를 병들게 한다.

창의력 빈곤은 정신적 가난과 등식을 같이 한다.
유리한 판단은 경험에서 얻은 지혜와 합작품이다.
산전수전을 다 겪은 백발노인에게는
백랍(표백한 밀랍-꿀 찌끼를 끓여 만든 물질)의 재래기술이 있다.

나는 환영받을만한 인물과는 거리가 멀다.
이름 없이 빛도 없이
그저 왔다 그저 가는 바람 인생에 불과하다.
그 남긴 덧없는 세월의 자취가 장장 73회이다.

인간에게는 원초적 충동이 있다.
이성을 잃게 하는 취기는 곧잘 추함을 드러낸다.
젊은 날의 비틀 버릇을 고치지 못한 노인은
말실수로 오랜 지기를 잃은 비운을 안았다.

나는 언행이 일치하는 삶을 원했었다.
나는 현실성 깊은 존엄을 기대했었다.
그러나 세파는 설 자리와 거리 멀게
지욕知慾을 좇게 하며 인의仁義를 저버리게 했소.

안개 인생

운명은 재천이라 했다.
내가 100세 200세 장수를 누리고 싶다 해도
땅과 하늘이 그만 흙으로 돌아가자 부르면
나의 인생여정은 거기서 끝나 버린다.

그의 백골은 두 달여 만에 발견됐다.
파리 구더기들이 뼈만 남긴 상태였다.
사인원인이 아사로 판명된 그 영양가 마른 조각들은
동사무소 직원서류에 무연고자로 최종 기재되었다.

바로 이웃 사람이었다.
그렇지만 통 교분이 없었기에 알지 못한다.
최악의 극빈이 단절의 담을 쌓은 것이다.
그래서 문밖 기척 시에도 못들은 척 가만히 은신했던 것이다.

그의 죽음은 떠도는 소문에 불과했다.
전혀 무관하여 와 닿지 않았다.
지리적으로 한발 짝 거리라는 심리로
기분이 잠깐 흐렸을 뿐이다,

그는 삼십 년 넘도록 연을 끊고 지낸
두 자녀를 가슴 졸이며 그렸을 것이다.
정부의 복지정책이 봉인된 궁핍 자를 찾아보지 않는다는 한을
머리 터지도록 벽을 받으며 울부짖었을 것이다.

요즘 세상에 굶는 사람 어디 있단 말인가?
먹고 사는데 지장 없는 배부른 사람들의 비난이겠으나
고령 시대로 접어든 오늘날의 문명사회 이면에는
길 잃은 달팽이, 눈먼 도토리들은 얼마든지 존재한다.

그 날을 알지 못한다는 건 생명의 주체로써 천만다행이다.
어슬렁어슬렁 한가의 눈길로
옛적과 환경이 크게 달라진 사건·사고를 좇다
빛에 삼켜지며 사라지는 안개 인생

기다리는 노인

노인의 힘쓰는 사나이 기질은
절반 밖에 남아 있지 않다.
나머지 절반은 힘을 아껴 비축해 둔다.
악의에 받친 사람과의 다툼 대비이다.

언제인질 모를 하늘의 부름을 기다리는 노인은
쓸쓸하게 외롭다.
그동안 함께해줄 사랑의 그리움은
상상을 초월한다.

홀로 있는 법을 터득한 사람은
귀 기우려둔 세상과 하나임을 몸소 배운다.
둘러싼 풍경을 둘러보는 과정에서
몸속으로 흘러드는 삶의 향연을 느낀다.

삶은 의욕을 키운다. 세상은 산 자가 지배한다.
일에 몰두해있는 사람은 죽음을 잊고 산다.
사랑하는 사람과의 교제는 만날 만을 고대하기에
샘이 마르지 않는다.

손길에 닿지 않는다고 잡을 수 없는 게 아니다.
걸어서 가까이 다가서면
그 물체 확인은 물론이고
쓸모용도 여부도 가릴 수 있다.

집어든 것이 없으면 빈손은 당연
빈 자루 잡아두지 않으면 바람에 날리고
항상 들을 수 있는 귀는 건강이요
노인 장난은 어린 시절 그리움 때문

과거를 돌아보는 시간이 많아진
노인의 체험담을 들어 무슨 이야기든 들려달라면
사춘기 시절에 연애하는 두 남녀선배를 놀라게 하려
폭죽을 터트려 입술 포옹을 방해했다는 사례라오.

침상 노인

싱싱하게 아름답게 젊었던 시절은 분명 다 지났다.
인생을 놓쳤다는 불안을 떨칠 수 없었던 그녀는
주름부터 띄워지는 웃음에서 메마른 기운을 감지했다.
사물들에 의견을 낼 수 없음에도 두려운 소외를 느꼈다.

적어도 십 년 전까지만 해도
하나도 늙지 않으셨다는 친절을 들었었다.
주제에 따른 설명도 막힘없이 잘도 지껄였었다.
한데 언제부터 겁 많은 할머니가 됐더란 말인가?

기르는 흰털 강아지가 늘 곁에서 재롱을 떨곤 하나
이조차도 위안이 되지 않아 보듬는 손길 거두진 오래다.
지금의 필요는 식어가는 쓸쓸한 피에
활력을 불어넣어 줄 사람의 온기이다.

성치 못한 다리로 추운 경사로 오르는 노파
등 가방에 나뭇가지 지팡이 맨 손에 쥐고
가쁜 숨 잠시 쉬는 김에 난간을 잡은 표정
한때 밀애를 속삭였던 영감 만날 결의 서려있다.

방문 안으로 발길을 들이는 사람이 눈에 띄었다.
세월을 묻은 머리 허연 노파였다.
때마침 옛 연인을 그리워하고 있던 할아범
두 팔을 크게 벌려 품에 안는다.

술자리 시중드는 앳된 열아홉 처녀
검푸른 긴 눈썹, 작은 콧대
재능의 존중인지 술잔 그득 채운 붉은 입술로
가기歌器를 들려줬던 그 연인

　"영감, 오래 사셔 유."
물수건으로 닦아준 얼굴의 앞머리를 쓸어 올리며
두 팔을 주무른 과정을 마친 노파의 한마디에
눈빛 반짝이며 마른 침 삼키는 침상 노인

맥박

정오의 해살이 내리 쬐는 골목
뛰는 건강한 다리목
내 안의 삶이 애무로 살아난다.
앞으로 나아갔다 뒤로 흔들리며-

춤추듯이 집 벽을 타오르는 붉은 빛발
길바닥에 내려앉으며 엉금엉금 기었다
어느 순간에 평범한 두 발로 걸으며
빈 나뭇가지 그려낸다.

어떤 형태의 그림을 실상의 실물로 취한다는 건
백발 지혜 아직은 녹이 쓸지 않았다는 증언
내 손으로 누군가와 악수를 나눈다는 건
존재의 정체성이 살아있다는 현재

곧 지날 오늘은 내일의 예비일
노년기에 이르렀어도 잊지 말아야 할
가슴 판의 명심은
마음의 뿌리를 썩히지 않는 것

노인의 침묵에는 저 혼자 길을 다져온
수수께끼 인생이 있고
그 항해를 쉬며 닳고 단 낡은 구두를 벗어
노을 진 서녘을 바라보는 시선

연연하지 않으면서
맥박이 뛰도록 관리하는 것은
이미 너다운 결실을 맺고
그 열매를 따먹고 있다는 행복

나의 안에서 숨 쉼 하는 생명
도약을 멈추지 말게 하라는 것이다.
물속 생물인 물고기에게는
물 밖 세계는 죽음의 땅일 뿐이다.

열정의 샘이 고갈되지 않아야
가슴 부푼 웃음 터트리고
일몰의 메아리 환호로 듣는다면
그대는 아직 젊게 사는 것

황금빛에 투사된 늦가을의 풍경
노인의 비위와 맞아 떨어진다.
바람에 흔들리는 갈대에 앉아 볼 겨를 없이
저 멀리 달아나는 종달새

희망은 중심 삶의 불꽃

아득히 먼 수평 끝
갈매기 쉬 오가고
수직 폭포 우렁찬 가파른 산은 지레 숨이 벅차와
높은 정상을 수월히 다다르는 새를 부러워한다.

희망은 중심 삶의 불꽃
헐벗은 겨울나무는 햇빛이 따사로운
봄을 기다린다.
순환하는 계절을 기다린다.

물살을 거슬러 오르는 연어의 사투 회귀는
후손을 남기기 위한 여정
목적 세운 뜻에 힘을 쓰려면
먹어두고 자 두자!

옆집 과부

전직교사는 식물을 사랑했다.
그가 정원을 가꾸고 있는데
옆집 과부가 가져온 배롱나무 한 쌍도
함께 심어 달라며 조른다.

백일홍이 기세 대범하게
붉은 꽃을 연이어 피워대는 광경을
즐겁게 쫓아보는 옆집 과부 모습을
연민 어린 표정으로 지켜보는 전직교사

예쁘게 봐주는 눈빛에
본색과 다른 은빛 꽃잎 화사하게 곱고
하늘 태양도 구름에 숨어
숨결이 내뿜는 향기를 만끽한다.

오늘 삶 어제의 힘이었음을

끓인 물 식혀
증류수로 마신다.
펄펄 날랐던 젊은 시절을 돌아보며
오늘 삶 어제의 힘이었음을 엿 듣는다.

본 가지에서 떨어져 나와
바람에 실려 바다의 일원이 된 낙엽
옛 푸름 시절로 되돌아갈 수는 없으나
떠 흐름의 여행이 생명이 아니고 뭐던가

지금처럼 말이 없는 여행길
더 밝아진 청력
소리로만 그 존재의 이름을 안다는 건
종착지에 다다랐다는 것도 알고 있을 터

생김대로 싸움꾼이면 싸워야 하고
장사꾼이면 장사를 해야 하고
문필가라면 글을 써야 하고
정치가라면 정치를 해야지

왜 성공한 사람 따라 하겠다며
자신의 본분을 저버리는가.
시간을 들여 개성을 키운다?
사명 아닌 돈을 좇는 거라면 속물근성이지.

백발의 노인이여

나이 무게는 들뜸을 진정시킨다.
온갖 소음에서 멀리 벗어나
생명의 소중함을 더욱 만끽하면서
경험이 경합한 지혜를 키운다.

백발의 노인이여,
백세까지 현역으로 일하세.
나이를 잊음이
기본으로 뒷받침되어야 하겠으나
삶의 보람을 누리게 하는 일에는
활력을 불어넣는 신비가 있다네.

긴 인생을 살아온 나이테만큼
그대는 사회적 책임을 지고 있는가?
내 말을 믿어주는 신뢰의 신의를 가졌는가.
누가 당신을 손짓해 부르는구려.

늙지 않는 시력

늙지 않은 시력으로
먼 미래 내다본다.
거기에도 오늘의 나의 삶
있을 터

새하얀 머릿결
웃음 머금은 주름 얼굴
어스름 해물 녘 바라보는 눈빛
추억의 사색 깊다.

시작된 추위
움츠리기보다 변치 않고 우정 나누는
따뜻한 친구들이 곁에 있어,
마음이 든든하다.

맹세코 난 영리한 사람이 아니오.
맹세코 난 온유한 사람으로 살지 못했소.
더 현명하며 보다 따뜻한 눈을 뜨려
늘그막에 심취에 담는 중이오.

젊은이들을 일깨워주지 못하는
늘그막 긴 이야기 무슨 소용
사람의 발길이 끊긴 내 말은
이끼에 씌워져 있소.

나의 과거 후회는
땀 흘린 수고에 비해
돈을 못 벌었다는 것이 아니라
감사를 못 듣는 인덕 부족이오.

조개 줄

누구는 나뭇가지에서 어미를 기다리는
새끼를 잡아 불에 구워 배를 채우고
누구는 낯선 것에 대한 두려움을 넘어
마음과 마음을 잇는다.

노인의 표정은 온화하다.
뒤쫓는 짝꿍 잘 따라오나 매번 돌아보다
안 되겠다 싶었는지 보행을 멈추며
잡아챈 할망구 손목 제 팔목에 감는다.

노인의 턱수염 물기로 반짝거린다.
마당 암탉 졸망졸망 새끼들과
추수기 건초더미 헤치는
살판난 놀이 즐긴다.

늦은 오후, 들판에 나갔다 돌아오는 할망구 손에
행운의 풀 네잎클로버가 들려있다.
웃음은 해맑은 소녀이나
주름진 얼굴상은 조개 줄이다.

나는 시간의 크기를 안다.

이제까지 나에게 출구를 잡아준 대상은
그 누구도 아닌 만물삼상이었다.
그밖에 사람들은 간접의 영향을 준
배후 역할을 맡았다.

나는 시간의 도량을 안다.
또한, 그 무게도 충분히 가늠하고 있다.
그 안에서 비로소 깨달은 위대함은
내가 영혼을 높이는 시인이라는 것이다.

천국의 기쁨을 안고 있는 한
대지의 숨결을 들을 수 있는 한
천진난만한 아이들의 놀이를 보면서
나이 잊은 행복은 동심에서 나온다.

만난 지 퍽 오래이라 품에서 멀어진
기억조차도 까마득한 그가
어떻게 알았는지 내 집 문 앞에 서서
모호하게 웃는다.

무료감을 달래준 친구

순간 포착에 진짜 인생이 존재한다,
주장하는 그의 전문 직업은
산속에 숨어있는 야생화를 카메라에 담는
사진작가이다.
입을 다물고 조용해진 그의 편안한 인상에
덧칠된 한 폭의 수채화가 수련하게 떴다.
나는 그를 서예로 일상을 보내는
친구와 빗대보며
둘은 서로 닮았다는 데 암묵적
동의를 내린다.

오늘 하루 무료하게 심심했던 참이다.
이상하게 식사 후부터 시작된 무력증에 빠져
지금도 정신 집중을 할 수 없이 멍한 상태이다.
책 읽는 것도 쓰는 것도 제대로 수행할 수 없어
곧잘 한 눈을 팔면서 잠복의 의기 해소를 기다리던 참에
이 친구의 전화를 받고 교외 바람을 쐬게 된 것이다.
자연을 거스르지 않고 시간을 재촉하지 않고
흐르는 세월에 운명을 맡긴 소박한 숨결의 미소
참으로 경이 넘치게 신비하다.
햇살을 반사하는 은빛 물결의 강
살피 간질이는 실바람 맞으며
형형 색상으로 자태를 뽐내는 만발의 튤립
그 사이를 세상 돌아가는 이치에는
아무런 관심을 두지 않은
살아가기 바쁜 길 등을 돌린 채로
한 중년 남성이 소리 없는 발질로 거닐고 있다.

쌓인 연식年式

노인에게는 그동안 층층이 쌓아 올린
경험이 있다.
노련한 그 미덕이 사회 구석구석을 메운다.
그 경륜이 때때로 후세대들과
단절 또는 갈등을 빚기도 하나,
서로의 차이를 좁히는 토대는 된다.

설비 사장은 젊은이를 현장으로 이끌었다.
몽키 잡는 법도 모르는 젊은이는
결국 수도꼭지를 망가트렸다.
주방에서 터진 물은
거실 바닥까지 질퍽거리게 했다.
경험 많은 노인이 원수를 잠근 후
새 수도꼭지를 달았다.

구닥다리 노인네라
기기 다루는 솜씨 앞선 젊은이로부터
이력서작성, 그림 올리기 등을 배운 내용을
집 컴퓨터 앞에서 복습으로 익힌다.

방금 배운 컴퓨터 교육
돌아서면 기억에서 사라지는 굳은 머리
그다음 날 묻고 또 물으며
자판기 두들겨 문자 생성해 내는 주름 손길
기술력이 앞선 젊은이와 경쟁에서 밀렸다.

노인은 변별력 부족을 인정하며
쓴 미소를 머금었다.
죄송하다는 뜻인지 어른 공경인지
경비실 앞에 선 노인에게
눈인사 보내는 젊은이

연식年式이 높으니

연식年式이 높으니
건강이 예만 못하다.
무릎관절이 계단 오름 기피 하게 하고
오늘은 치과에서 틀니 점검을 받았다.

딸내미 내외가 사는 낯선 고장에서
산책을 나온 노인은
되돌아가는 길목을 잃고 말았다.
아무리 기억을 더듬어도
추운 몸 녹일 집이 안 보인다.
경찰서에 실종 신고를 마치고 찾아 나선
아내와 딸이 발견하고 손을 잡아 이끌었다.

개인의 자부이며 사회를 돌게 하는 금전은
사람과 사람 간에도 의리를 맺게 한다.
그 돈을 벌려 흰머리노인들
아침 일찍 거리 휴지를 줍는다.

노인은 처음 알게 된 교육현장에 도착했다.
젊은 강사의 강의를 귀담아듣는 인물 모두는
서릿발이 하얗게 내려앉은 노인들이다.
저마다 나도 일할 수 있다는 자신감이 출중했다.

경비 일자리 소개하는 전화문자가 왔다.
집과는 꽤 먼 거리라 엄두가 나질 않았다.

다음 문자 역시도 출퇴근의 긴 시간을
길에 버려야 할 거리이다.
노인은 피로가 덜 할 다른 일자리 찾아보려
집을 나섰다.

노인의 경험을 긍정하며 들은 젊은이는
침체에서 벗어날 수 있다는 의지를 키웠다.
그러나 연식의 식견으로 적극 돕겠다는
노인의 기다림에는 답변을 내지 않고
며칠째 침묵 중이다.

낭패

들쥐처럼 남몰래 긁어모았고
발품 팔아 여럿 자료를 거둬들였고
창문가에 붙어 남들의 말을 엿들은 바탕에서
얼개를 깁고 짜 맞춘 원고 뭉치는
손 자녀 개구 장난에 다 찢겼다.

혼돈의 캄캄, 낭패에 내몰린 허무감
동물적 본능이 정신을 일깨운다.
기억에 담아져 있어 이전보다 쉬울 것이니
새롭게 다시 시작해 보자.

힘이 팔팔한 건각 자의 손에
높이 들린 올림픽성화도
추돌사고로 동각 난 기차 파편도
원고 소재로는 충분하다.
여기에 더해 균형 잡힌 건강한 체력이
떠받들고 있지 않는가.

글쓰기 작업을 오랫동안 해온 노인은
글 쓰는 일만으로는 생계보장이 안 되자
출판사 신고를 마치고
자신 책 몇 권을 시중서점에 깔았다.
그때마다 외주에 맡긴 투자비는커녕
적자누적만이 쌓였다.
무명의 서러움을 톡톡히 체험했다.

사업성장에 기반인 재정을 마련하여
외부 원고 포함 한 달에 10종의 책을 내겠다는 목표는
산산이 깨진 것은 물론이고 궁핍은 더욱 심각해졌다.

카드론 대출 상환이 쉽지 않게 되었다.
연체는 어떻게든 막겠다며 새해 벽두에 찾은 곳은
신용회복을 안내해 주는 기관이었다.
사정 어려운 사람 무시인가?
처음으로 접한 환경적 원인일 수 있겠으나
창구직원의 설명은 이해가 쉽지 않게 어리둥절했다.
이자를 낮추면 더는 대출은 안 된다는 순간 말에
귀가 번쩍 뜨였다.
그렇다면 생계 지장이 초래될 수 있겠다 싶어
상담 내역 삭제를 주문하고 나와 버렸다.

나약한 시인

겨울의 따뜻한 어느 한날
꿈결의 졸음이 밀려든 나른한 오후
문득 떠오른 시상詩想을 받아쓰려 하니
이미 예전에 써먹었던 시구라 지워버린다.

나는 싸움에는 소질이 없는 나약한 사람이다.
가정적인 환경을 그리며 시를 쓰는 일로 나이를 채웠다.
세속노예의 인생으로 살고 싶지 않아
생계거리 좇지 않고 낭만의 세계만을 추구했다.

물질사회는 비경제분야인 시의 가치를 하잖게 본다.
아예 거들떠보지 않는 사람들 수두룩 많다.
언어를 낚는 어부로 곧잘 비유되는 시인은
정신수련이 높은 사람이다.

시인은 고뇌를 담아 갈고 닦은 한편의 시가詩歌를
후세들에 물려주려 주어진 시간을 쏟다.
비상한 천재라 할지라도 영감이 내리지 않으면
맛을 잃어 땅에 버려지는 소금일 수밖에 없다.

도심 지하에서 쓰이는 시

도심 지하에서 쓰이는 시는
이해가 녹은 지식에서 샘솟는다.
시의 형태는
사회를 뒤흔드는 거창할 필요 없이
어미 잃은 어린아이 눈물을 닦아주는
꿈속에서 놀던 고향을 그리게 하는
뒷문 밖 냇물 소리 듣게 하면서
갈대 노래 따라 부르게 하는 것

세월은 생명의 자취를 남긴다.
그들의 자취와는 달리
낙엽이 머물렀던 자리는 흔적이 없어라.
세상은 넓다 하나 눈을 감고 있으면
그 넓이 무한정 넓어지리.

글쟁이

나는 단지 정교한 글 체계를 갖추려
지금까지 시간을 써왔음을 고백한다.
많이 쓰고 많이 읽는 연마를 다져야
흐름이 자연스럽고
가꿔야 정원이 정결해진다는 안목을 습득했다.
주어진 일에는 그만큼
사명적 수행을 동반하고 있다.

펜을 놀린 생명을 꾸준히 이어온
인생의 기나긴 연륜 탓인가?
시야가 많이 약해진 요즘은
과거의 모든 글 시시했구나,
자책을 수시로 불러들인다.
낮에 눈에 담아둔 자연 풍경은
잠자리 꿈의 환상으로 헤매고
바람 한 점 없는 창공을
재빠르게 소리 없이 내달리는 한 마리 매
반복되는 일상이 따분하여
구경거리 두루 찾는 수많은 공원 사람들
의미 없이 아래를 굽어보는 잿빛 얼굴들
저 멀리서 불어오는 태풍 기세에
서둘러 안식처로 달린다.

나이로 굳은 체신머리라 그런가?
뺨이 후끈 달아오른 대로 춤을 못 추겠다.

앞으로 내민 손은 펴지지 않고
두 발 굴림도 영 서툴다.
결국 나는 무대에서 밀쳐졌다.

그렇다. 나는 오락과는 담을 쌓은 글쟁이지
신나게 몸을 흔드는 춤꾼은 아니다.
방구석 의자에 진종일 놀러 앉아
원고 량을 채우는 글쟁이 일뿐이다.
작업이 풀리지 않는 막간을 이용하여
구멍 난 양말이나 꿰매는
천생의 글쟁이에 지나지 않다.
흙이든 돌밭이든 바위틈새에서든
글감을 찾는 글쟁이일 뿐이다.
나의 삶에 대한 정의는 내가 내릴 수 없다.
하늘의 몫이며 나를 아는 사람들이 판단할 일이다.

지구는 운율로 움직인다.
예부터 인간이 과학의 지렛대로
뜯어 고쳐본 적이 없고
인간이 스스로 짜낸 철학도 닿지 않아
순수함이 돋보이는 고유의 태고
낮과 밤을 구분하여
때를 알게 하는 품성의 우주만상

그리는 여생

그는 집안 대대로 이어져 내려온 농사일을
평생지기로 삼으며 다섯 자녀를 키웠다.
흙의 성질은 온순하여 농부가 뿌린 씨
새순을 땅 위로 밀어 올려
잘못된 종자 의심을 갖지 않게 한다.

굽은 등으로 하늘을 업고 일만 해온 그는
물줄기가 가면 풀들과 장난치는 것만 고작 아는
도심 밖 촌놈 중에 촌놈이다.
도대체 놀 줄을 몰라 재미가 없다.
오죽하면 바람 좀 피워라 야단이
여편네 입에서 내뱉어졌을까.

끓어오르는 젊음의 기상 더는 찾아볼 수 없게 된
그의 태평한 인상은 노을하다.
육체노동에 평생 매달린 농부답지 않게
기억력 좋은 머리는 여전히 견실하고
공과 사를 가리는 깐깐한 성질도 변화가 없다.

깊은 생각에 잠긴 그의 고귀한 넋은
자연인이 되는 것이다.
농사를 지으며 장만한 임야에 움막을 쳐
주름 짙게 하는 세파의 어지러움을 등지고
새들 노래를 담는 시를 쓰는 여생을 그리고 있다.

먼 세월의 친구

봉분 바위에 올라앉아 생각에 잠기니
문득 그리워지는 그대의 옛 모습
장기 뒀다 물장구쳤던 옛 시절
먼 세월에 묻힌 추억이 아니건만

지금쯤 강변 매실 밭에서
낙 삼아 일하고 있을 벗이여,
얼굴 잊기 전에
아니, 흰 수염 날리는 생시 바람 맛 잃기 전에
아니, 누가 먼저 흙으로 돌아가기 전에
이 얘기 저 얘기 나눠 봄이 어떠할는지

생동 넘치는 청춘시절을
함께 보낸 그리운 벗이여,
기개가 살아있는 태양처럼
도량이 넓은 광채가 빛났던 사람아,
내 보고 싶은 심성 강물에 띄워 보내니
빠른 답장 부탁하네.

머나먼 인(人)의 짐을 책임 다해 짊어지고
사람의 도리를 지켜낸 그대여,
변모와 고뇌의 세월 속에서도
나는 그대를 배반하지 않고
가슴 깊이 새겨두고 있다네.

드디어 부둥켜안은 두 친구
햇볕에 검게 탄 황금빛 봄날의 인상
깊게 패인 이마주름에 새겨진 매실 그림자
숭고한 정신이 실려 있음을 본다.

잠시의 오 분 시간
벌써 해 기우는 석양
홍 도는 음식상 물린 두 친구
술기운 횡설수설로 손 내미는 친구
우정은 물결처럼 언제든 뒤집힐 수 있다 하나
역시 인생에는 보내는 이별이 따르는 법
위계 없는 즐거움을 남긴 친구여,
훗날에 다시 만나세.

돌아서기 아쉬워
눈 감아도 보이는 등 뒤길
거꾸로 걷는다.
시샘 떠는 봄바람에 움츠린 꽃
친구의 체취 더욱 선명해진 집
생시의 웃음 머금게 한다.

먼지 길

우리는 네 시간쯤
혹은 그보다 더 긴 시간을
서성거렸던 집 앞을 벗어나
강변을 따라 걸었다.
돌아와서는 막걸리 곁들여진 삼겹살을
보름달 밝은 멍석 깐 마당에서 구워 먹었다.

노인은 집이 먼 친구에게 방 하나를 내주고
푹 쉬고 내일 떠나라고 청했다.
친구의 코골이는 안방에 누운 두 부부의 잠을
말똥말똥 깨웠다.
그 참에 두 부부는 신혼 초 시절을 되새겼다.

노인의 친구 보내는 시간은 길다.
마침내 동구 밖 모퉁이를 돌며 사라진 친구
불빛 꺼진 캄캄한 허전감이 밀쳐 든다.
다시 데려오고 싶어 먼지 길을 헤친다.

아내의 첫 직장

30년 직장근속을 마친 남편은
그동안 가정주부로만 지내온 환갑아내에게
이번엔 당신이 생활비 벌 차례라며
직장 다닐 것을 적극적으로 권장했다.

아내가 선택한 직장은 낯선 보험회사였다.
말주변이 어눌하면서 인맥 폭이 좁은 아내는
서예 배우는 남편부터 고객으로 끌어들였다.
그 남편이 옛 직장동료 몇 사람을 소개했다.

다섯 번째 고객은
항해 몇 개월 만에 뭍을 밟은 선원이다.
박쥐처럼 눈이 먼 그는
사람들은 물론이고 온갖 건물들도
분간 못하는 캄캄한 실정이다.
모든 사물이 주렴珠簾으로 비추는
달빛색채로만 보는 인물이다.

여인의 뜨개질

세월 흐름은 사물의 나이를 먹인다.
눈에 퍽 익은 생동의 삼라만상
하늘의 생기 불러들인다.
너도나도 푸른 정열 쏟아내고 있다.

더운 기후 내내
화려했던 나뭇가지
찬바람에 낙엽 지니
비로소 벌레에 물어뜯긴 상처 알게 된다.

서산으로 기우는 해
울퉁불퉁 못생긴 바위를
비단의 휘장처럼 물들인다.
절벽 탄 소나무 빛도 붉다.

늦가을 햇살이 따사하게 비추는 거실
혼들의자에 눌러앉아
한 올 한 올 뜨개질로
엄마 스웨터 짜는 여인

어딘지 모르는

날마다 자라는 머리카락처럼
지혜도 한 뼘
천의 얼굴 아닌 나의 나 된
소박한 이해

어딘지 모르는 곳에 가서
모양 설명 없는 물건을 가져오라?
데워진 마음 깨는 웬 산신령 소리
북이나 치고 놀다 처음 자리로 돌아가자.

한 송이 설화

그늘 짙은 산 계곡은
아직도 한 겨울인가 보다.
초피나무 꽃도 벚꽃은 더더욱 아닌
새하얀 한 송이 설화雪花

나뭇가지 새소리에 두리번거리고
저 멀리 파도 부서지는 음향에도
두 귀 쫑긋 세워 듣는 흰머리 숲
산초 캐는 노인이로구나.

변지邊地라 봄이 늦는 건가?
이월인데 계곡 버들 아직 눈뜨기 전
건물 뒤뜰엔 잔설 쌓여 있고
얼음장 밑 송사리 몇 마리 춥지 않나 보다.

솔바람 소리 내 울고
산 빛은 있는 듯 없는 듯 가물가물
무겁게 가라앉은 구름
해발 높은 봉우리바위 숨겼다.

버드나무 앙상 가지에 얹어져 있는 방패연
동복 차림의 노승 법당 문 열고
그 뒤를 따라붙은 동자승 전등을 켠다.
소매에 양손 어긋 넣은 노인은 몸을 떤다.

등에 업힌 손자

밀어 올리면 아래로 처지는
손자 엉덩이
할멈이 성은聖恩 담아
포대기 받쳐준다.

잠 들었나? 조용하다.
베갯머리에 누일까 돌아보니
손자의 샛별 눈동자
창공 나는 나비 쫓고 있다.

시부와 며느리

유아차 좌우로 며느리와 나란히 걷는 시부
놀이터 후문을 나와 순두부집 문 연다.
한 살배기 외손자 뭐가 그리 좋은지
제 엄마 식사 못 하게 재롱만 떤다.

며느리 밥 편히 먹게 하려 외손자 대신 안은 시부
외할아버지 주름 얼굴 제멋대로
꼬집었다 할퀸 부위 쓰다듬는 외손자
엄마에게 되돌아가기 전에 눈을 찌른다.

이젠 서로를 알만치 알았을 삼 년인데,
며느리 어두운 걱정 빛 좀처럼 가시지 않고 있다.
방금 손목시계 보고 휴대전화기 확인도 여러 번
동동 구르는 발 진정시키려 물로 목을 축인다.

아기 아빠 늦는 귀가에 저토록 애를 끓다니
반가운 까치 소리 들려줘야 할까?
때마침 울리는 초인종
시부 앞질러 현관문을 향해 달리는 며느리

해물 녘

해물 녘 물가
덜 차 오른 들꽃들
장난기 몸짓으로
한기 공기 물리친다.

빈 방에 누운 노인과 귀뚜라미
노인은 곤충 날갯짓에 외로운 시름 씻고
정작 제 동료 부르는 귀뚜라미는
배 만지는 노인의 체온 위로 뛰어오른다.

솔방울 떨어지는 소리
시냇물이 휩쓸어간다.
처마를 때려대는 찬비
눅눅해진 제비 흙집

발아래 비탈길
대숲 샛길
몇 칸의 하나 방문에
대나무그림자 어른거린다.

여정의 짐 벗고

입으로 자신의 말을 내고
귀로 상대방의 말을 듣는 인생을
사람들과 공생하며 살아온 노인
잠시 그 행위를 멈추고
밤하늘의 별들을
눈빛과 가슴 빛으로
바라보는 노인
안전감 있게 평안하다.

속된 사념이 얽히고설킨
여정의 짐 모두 벗고
바다에 자신을 다시 띄워보리
하늘을 다시 날아보리 의지도 접고
세상일 잊은 지 오래인 노인
문득 씁쓸한 안색을 짓는다.

기계에 기대 사는 자녀들의 효도심이 날로
소홀하다는 걸 몸소 체험한다.
저희 밥벌이 일로 찾아뵀지 못한다 하나
그 이면을 알고 있는 부모는 속 쓰려 하면서도
같은 톤으로 다음에 내려오라며 너스레 떤다.
한참 보지 못한 자녀들이 그리운 날에는
온 세상은 쓸쓸한 가을의 적막으로 뒤덮인다.
봄이 오면 풀이야 푸름으로 되돌아오나
세파 복판에서 뛰는 자녀들의 그 여린 모습은

다시 볼 수 없지 않는가.

이층집 창문을 활짝 열어젖힌 사람은
눈이 그다지 좋지 않으면서 이빨 몇 개 빠진 노파였다.
　"애비 어디 있니?"
노파가 아래를 향해 소리를 질렀다.
　"저 여기 있어요. 곧장 던지세요."
아들이 양손을 흔들며 방향을 알렸다.
　"던질 테니 잘 받아라."
노파가 어림짐작으로 던진 것은 보온병이다.
왕년에 야구선수였던 아들은 실수 없이 잘 받았다.
　"너희들이 야속하다. 어쩜 나만 쏙 빼놓고 나들이니."
　"죄송해요. 다음에 해외여행 보내드릴게요."

지어준 이름

개에게도 주인이 지어준 이름이 있다.
그 이름을 불러주기 전까지
집을 지키는 하등 동물에 지나지 않다.
마른 뼈다귀에 유혹당하는 미물에 불과하다.

이름을 자주 불러줄수록
개는 주인 품에 안기는 충의忠毅가 높아진다.
개도 주인에게 무엇이 되고 싶다는 몸짓이 있다.
장난을 걸어올 때가 그렇다.

어느 신령의 기운일까

바람이 풀줄기 눕힌다.
보호자가 환자를 침상에 누이는 것만 같다.
풀도 자신의 힘으로 일어서지 못할 때가 있다.
돌멩이에 신체가 눌려있을 때이다.

사람이 하찮게 보며 짓밟는 한 줄기 풀도
여느 생물과 마찬가지로 그 생명 전체이다.
바람이 풀에게 속삭인다.
　"걱정하지 마. 너는 다시 일어날 거야."

병석의 삶은 희망일 수가 없다.
아픔의 통증이 기력을 잃게 했기 때문이다.
명멸을 앞둔 환자는 그보다 더
절망조차 힘이 빠져 앉지를 못한다.

무덤 속 기후는 따뜻할까 차가울까?
숨 끊겨 누운 사람이 그 느낌 알기나 하는지
잔디 봉분 위로 할미꽃이 피는 걸 보면
누군가가 호흡을 내 쉬고 있기는 한데-

태양의 발목 붙들어 잔디 자라게 하고
하늘 구름 쉬어가게 하고
날던 새도 불러 앉혀 노래 부르게 하는 생시는
대체 어느 신령의 기운일까?

수감생활 십 년 만에 교도소를 나온 사람은
눈물 아니고는 세상을 볼 수 없었다.
모든 게 낯설고 그사이 세상 떠난 친구들 많아
살아갈 용기가 나질 않았다.

매운 해풍에 뺨이 시리다.

매운 해풍海風에 뺨이 시리다.
애수 실린 아우성 물결
그 너머로 솟은 해수 섬
잔재주 부리며 물러났다
다시 덤벼드는 사나운 파도

바람은 돛대를 휘날리게 하나
출렁이는 바다는 배를 흔든다.
구심을 잃은 것이다.
불변하지 않다는 증언이다.

영원불변이 어디 있으랴
신도 때론 기쁨에 겨워
오늘 불러올릴 예정이었던
누군가의 삶을 연장하는 우愚를 낳기도 하고
물살도 웅덩이에 갇혀 오가지 못할 때가 있다.

누가 알랴
나의 가슴에서 핀 나뭇가지 꽃을
눈이 부신 햇살에 못 이겨 눈물 흘리는
가련한 가슴의 붉은 꽃

저녁이면 안으로 옹구는 꽃잎
남은 향기 끌어안고 웃다 울다
방구석 어디선가에서

존재 알리는 귀뚜라미
적적한 이 가슴 위로하누나.

초겨울 정원의 작은 초목
새끼거미 나뭇가지에서
제 몸의 줄을 타고 내려와
추위 피할 공간 찾는다.
용하다.
그동안 얼어 죽지 않고 살아남은 것이
안경 노인은 낙엽을 헤치는 거미를
따뜻한 안방에 들인다.
먹이 걱정이 크긴 하나
겨우내 이곳에서 지내라는 선처이다.

겨울 태양은 열기가 차
섬 태움을 포기하고 일몰로 사라진다.
광활해진 시공時空, 미련 놓은 노인
인류평화 기원하는 기도 올린다.

현실에서 엄연히 존재하는 삶
빛과 어둠이 공존하는 세상
노인의 옛 삶은 기억 저편에 묻어있고
해후는 엇갈려 걸어온 두 사람의 초조

저 너머 하늘나라 바라보는지
세상 번뇌 없이 고요하기만 하다.
가라앉은 정서에 요람의 손녀딸
긴 잠에서 깨어날 줄 모른다.

돋보기 너머의 눈으로
한 땀 한 땀 자수 놓는 늙은 마누라
시름이 없다.
바깥 아우성 듣지 못하는지
금실은실 쫓는 눈빛 색
수시로 바뀔 뿐이다.

느낌은 감촉이다.
감각은 희망을 키우게 한다.
반짝이는 미소를 아름다움으로 본 사람은
아득한 해저를 떠올리지 않는다.

안개 주변

나는 제비에 나비 자취 감췄고
안개 베일은 습기를 머금었고
풀잎의 영롱한 은방울 증발을 준비하고
정적은 비단 꿈을 꾸게 한다.

동산 편 처마
이슬방울 떨어트린다.
반짝반짝 튕기는 빛
주변 흙 적신다.

보랏빛 달개비 꽃
왜 저리 수줍어하는 건지.
두 장의 꽃 덮개
눈물 머금었구나.

황홀한 이 밤

환상적이게 좋은 오늘 밤
아름답기 그지없는 황홀한 이 밤
사랑하는 이와 춤을 추고 싶은
보름달이 은빛으로 쏟아지는 대지
반짝반짝 빛나는 물살
수분 머금은 푸른 초목

시름

이끼에 미끄러져 발이 물에 빠지는 것은
내리는 비 때문만이 아니다.
솔가지 꺾는 건 바람만이 아니다.
추석 송편 재료마련 차 나온
아낙네 손아귀에서도 솔가지는 휘어진다.

앞을 가린 자욱 안개에 시름을 앓는다면
마음이 번잡하다는 뜻
젊은이는 젊은이대로 늙은이는 늙은이대로
주어진 제 일 풀어보려는 시름을 안고 산다.

낚시꾼 고기 잡는 것이 부럽다 면
낚싯대 준비하여 발을 물에 담가야 하리.
세상에 거저 얻어지는 건 아무것도 없고
삿대 갖추지 못한 배는 표류할 수밖에-

들녘 제비꽃 이미 졌고

길고 긴 세월을
거문고 연주로 지새운 한복의 어떤 여인
이제 올까 저제 올까 기다리며
노랫말을 짓는 시인

황혼에 울리는 저녁 종소리
이편과 저편을 경계 짓는
사랑과 멀어지는
이별의 애가哀歌로구나.

참나무 숲 가로 질러
창백한 언덕을 오르는 나
들녘 제비꽃 이미 졌고
비둘기 홀로 우는 쓸쓸한 밤

부부 연 맺은 두 노인

해가 뜨고 지는 시간이 너무 빨라
새로운 것이 없는 노인의
아침 맞이는 허전 그 자체였다.
식사를 대할 적마다 맛부터 잃는다.
노인은 집 문을 닫고 경로당 문을 열었다.
남녀노인들은 둘씩 짝을 짓고
대보름 윷놀이를 즐기고 있었다.
짝이 없어
외톨이 구경꾼으로 남아있던 할미
제비뽑기 건너뛰고 두 해 더 산
노인과 놀이에 꼈다.
굴러온 돌이 박힌 돌 밀어내듯
솜씨 좋은 노인 조가
행운의 일등을 거머쥐었다.
그 길로 사이가 부쩍 가까워진 두 노인
부부 연을 맺었다.

노부부의 꿈에도 소원은
혈육의 자녀를 낳아 키우는 것이었다.
그러나 반신반의 기적은
끝내 일어나지 않았다.
신체 연령은 운명적으로
현실에 딱 들어맞았다.
빛이 바랜 실망은 시름을 안겨줬으나,
선의 의지는 든든해졌다.

노부부는 지치지 않고
동네봉사에 시간을 썼다.
초등생들에게 초급 수준의 영어도 가르쳤고
노인들만의 연극준비에 참여하여
안무를 지도하기도 했다.
몇 년 후 연말에 봉사 상을 받았다.

밤도 밤의 언어로 속삭인다.

사업채 운영하며 저축해둔 돈으로
중년에 사둔 시골 땅에
평생지기 부부만의 별장을 세웠다.
떠 흐르는 하늘구름 머리에 얹고
사방에서 우짖는 새소리 즐겁게 들으며
칡뿌리 캐러 산속을 헤맸던 흥겨운 고생

내키는 대로 개울 끝머리까지 이르러
일대 풍경에 푹 빠져 돌아오는 거 잊고
그 숲과 오랫동안 나눈 대화는
늙은이에게 젊음의 생기를 안겨줬다.

눈부신 태양은 사과 꽃 피워
대지 말린 기운을 대신 채웠고
길 잃지 않게 기억을 일깨워준
솔밭 사이 유수의 강물
지금은 어둠의 얼룩으로 흐른다.

밤도 밤의 언어로 속삭이다.
그렇지 않다면 밤에 밤은
밤을 차버렸을 것이다.
밤의 사랑은 잉태의 시간
자성으로 자양분을 모아 밤을 살찌운다.

땅속의 목소리

목소리만이 늘어진 게 아니다.
사리분별이 높아진 지혜로운 머리는
목소리보다 먼저 정신을 깨워
걸음을 내딛게 한다.

깨달은 자는 스스로 길을 열어나가나
아무리 배우며 들어도 통 이해를 못하고
딴청을 부리는 사람은 죽었다 깨어나도
그 길만은 걸을 수 없다.

땅속의 목소리를 캐내어 들으며
사회에 도리의 상식을 입히는 시인들
그들 간에도 자라나는
모든 것들에 뿌리를 적시는
선행자가 있는 반면에
도덕심을 내던진 사악한 이들도 있다.
그 비난은 악마의 시를 퍼트린다.

까다로운 변덕이라 할까?
밀려오면 밀려오는 대로
휩쓸리면 휩쓸리는 대로
용솟음 물살로 내치는 자연과는
한판 붙어 싸울 수 없는 인간은
나약한 존재이다.

재봉사들의 전시장

47년 40년 30년 넘어해 온
언니들의 재봉틀 일
남아선호 심화 속에
자식 낳고 집안 세운 지그재근 삶

「재봉사들의 전시장에서」

소매가 만났다, 뒤판이 만났다
앞판이 만났다, 액세서리 만났다
봉제 작업 후 완성된 한복처럼
사회구성도 이와 마찬가진 게라!

「옛 재봉사 이야기」

제2부

꿈꾸는 침묵

결핍된 아픔이 없으면 문제 해결은 없는 법
무디어진 지각을 일깨우는 가시의 아픔

성미출판사

골짜기 씨름

매일 먹고 마시는 우리 인생
보다 나아질 생활을 바라나
주정뱅이 술집 난로 끌어안고 졸고 있으니
확신이 서질 않는 내일의 부정적 감수

총부리 앞세워 숲속 어딘가에 몸을 숨기고 있을
사냥감을 추적하였으나
방향감각은 어디로 뻗혔는지 아둔하여
번번이 좌절에 빠져들게 했던 함정의 덫
나는 약초를 자각하는 예지의 사슴은 아니었다.
나를 뛰어넘는 능력을 정녕 갖추지 못했었다.

기력 잃은 좌절
나를 나의 힘으로 밀어주지 못 하는 무능
나의 문제임으로 대안을 세워보나
내일이면 사라질 허송 방황

우리는 성장을 이끌어주는 지도자에게
헐뜯기는 무시까지도 들어왔다.
결핍된 아픔이 없으면 문제 해결은 없는 법
무디어진 지각을 일깨우는 가시의 아픔
그 상처는 독이 아닌 지혜를 살리는 건강한 샘
지옥의 고통이었던 그 상처투성이 훈장을 달고
새로운 자부심을 키우는 그대
자신이 자신을 구원할 수 있을까?

신의 영역인 영혼구원은 예외로 하고
이 땅의 문제만을 놓고 본다면 얼마든지 가능하다.
빠질 위험 높은 살얼음판을 피하면 된다.

숨결 거친 정체 모를 누군가와
엎치락뒤치락 겨뤘던 밤샘의 골짜기 씨름
이길 수 없음을 깨닫고
간구로 덤벼드는 사람에게 휴전을 요하는
하늘의 사신

나는 죽고 싶다는 사람의 심리를 충분히 이해한다.
나도 마음을 다잡을 수 없이 괴로울 때
깊은 한탄의 눈물을 종종 흘렸었기 때문이다.
이성을 망가트린다는 정신병 경험을 매번 치렀다.

모성의 젖꼭지 떼고 제 발로 걷게 된 사회인들
별거 아니면서도 무거운 게 우리의 생활상이다.
한 자리 오래인 직업군은 나태에 빠진 하품을 하고
밥그릇 빼앗길 환경 변할 징조에 두려움에 떠는 현대인들

당신은 당신보다 실력이 뛰어난
경쟁자를 누르고 싶어 한다.
그건 그보다 더 크고 싶다는 성장의 발버둥이지
천성이 악해서 음부로 나락하려는 다툼은 아닐 터
하늘을 높이 날고 싶은 그대의 열정
이윽고 찾은 길을 걷는 발걸음 감촉
남달리 부드럽게 가볍다.

중심 삶의 불꽃

대지의 숨결을 들을 수 있는 희망은
중심 삶의 불꽃
마음이 약해 겁이 많은 누구
대형 비행기가 하늘로 뜨면서 남긴
거센 후류가 무서워
오리까지 도망쳤던 걸음 멈추고
그 난류에서 깨이기를 기다린다.

흰 구름 몇 조각이 꿈꾸는 듯이 떠 흐른다.
소년의 삭발 위로 차창 밖 햇살이 분절로 비친다.
와잠(아래 눈껍풀, 애교살)을 감은 태양이
뉘엿뉘엿 서녘너머로 자취를 감춘다.
이내 찬 공기가 몸을 감싸며 으스스 떨게 한다.

시간에 대해 생각해보자.
시작이 없었던 과거라면
오늘은 아무것도 아닌 무의 세계일까?
정말 미래가 두려울 뿐인 공포한 날일까?
누구에게나 평등한 태양은 말한다.
내 볕에 한껏 취하라.

긍정적인 삶을 추구하는 나는
오늘도 마음을 다해
나의 날로써 나의 호흡을 내 쉰다.
높은 상공에서 지상을 내려다보는

한 쌍의 솔개가 궁지를 높여준다.
친구 이름 부르며 놀이에 정신 팔린 아이들
목적 둔 뜻을 이루려면 먹어두고 자두자.

세상에서 가장 가치가 있는 사람은
바로 나 자신이다. 라고 크게 외쳤던
젊은 날에 인간의 꿈
행복의 목적과 전혀 다르게 바뀐 세월 앞에
세상 시름 잊는 무릎을 꿇는다.

돋아난 뿔이 자라면서 딱딱한 각질로 굳어
이듬해 봄에 떨어져 다시금 재생하는 순환
본능적 감각으로 약초를 자각하는
신들의 심부름꾼인 사슴은 신성한 동물

지위 높은 자리는 무엇보다
지혜 빛이 밝아야 하느니
그 빛이 흐린 자는 망나니 짓거리로
비웃음을 사게 되리.
지혜는 사물의 이치를
선명하게 인지하는 명예이나
기세를 몰아 상대방을 넘어트리는 자는
제 꼴에 무너지고 말리.

수양버들 사이로 강물이 흐른다.
이상의 관념을 싣지 않은 평범한 물살이다.
좋으면 미소가 머금어진다.
온기의 사랑이다.

가슴이 부르면 사랑은 응답한다.

뜨거운 열정은 생명의 약동
믿음도 좋고 소망도 좋다마는
손 자녀들까지 둔 노부부의
주름 웃음 잃지 않는
순도의 사랑이 그 중에 제일이다.

늙은이에게는 삶을 초월한 만성이 있다 하나
바늘에 찔렸으면 다른 손으로 덮는 건
예나 다름없노니,
그 노인의 평정한 빛만이
추색秋色이 짙어가는 계절을 익힌다.

기억하라. 시간 잘 지키는 그대여
나의 영혼은 그대 영혼과 하나인 것을

빛과 그림자의 교류

과연 쟁쟁한 경쟁을 누르고
승리의 나팔을 부를 수 있을는지-

지금 출발한 그 다잡은 각오의 의미
가슴뼈 으깨지도록 이를 악문
곤죽의 고통을 안고 목적지에 도착했을
그때 기분과 절대 같지 않을 것이다.
그 목표를 바라보며 몇 번이나 지쳐 쓰러진
과정을 지나왔다는 안심의 환희는
식구들의 뜨거운 포옹과
친구들의 열렬한 환대로
분명 근육통증은 잊게 될 것이다.
그렇다. 빛과 그림자의 뜨거운 교류이다.

나의 속 체질은

나의 습관은 스쳐 지난 이웃들의 영향에서
길들여진 것이 아니다.
나의 체질화된 지독한
고립의 의해서 규정되었다.

바람을 움켜쥐려는 손아귀는 공허하다.
인공적인 긍정은 물거품에 지나지 않다.
나의 존재가 큰 가 작나 다툼은
순전히 성공지향에 따른 반응이다.

그 낯선 계집아이는 누구인가?
통통한 보조개 참 귀엽게 예쁘다.

늦은 밤. 이젠 그만 자라!
제자리 이탈 없는 별들이 밤새 지켜주리.

귓결의 들바람

혼자의 자유는 무한하다.
그 자유는 상상의 날개를 달아주어
창의력을 높여준다.
외로운 고립의 저력이다.

자유인은 편견의 눈을 갖고 있지 않다.
편견은 한편으로 치우친 그 사람의 감정이지
풀잎 위에서 나비와 춤추며
망중한을 즐기는 자유인은
개미 한 마리에게도 길을 내주면서
시냇가에서 주운 조약돌로 탑을 쌓고
나이면서 나의 실상이 아닌
다른 존재들의 안녕을 기원한다.

사람은 시류를 늘어놓는 설명으로
괴로운 갈등의 이해를 도모하나
시냇물은 그 흐름 자체로 햇살을 반사하며
가장 확실한 면모를 우리에게 보여 준다.

나의 영혼을 믿고
외부에서 끌어당기는 힘을 느끼는 중인 나
어떤 아련한 휴식 감에 도취 되어
즐거워하며 만족해하는 나
남들이 보기에는 빈둥거림이겠으나
귓결은 들바람이 흔드는 나뭇가지 소리를

음악으로 들으며
그 가락에 맞추어 콧노래를 부른다.
아래를 내려다볼 이유도
하늘을 올려다볼 이유도 하등 없다.
그저 유월의 푸른 향기에 젖어 드는
영혼을 만끽할 뿐이다.
저것은 분명 어떤 여인을 빼닮은 바위라며
그 발견을 손뼉 치며 기뻐한다.

빈틈이 전혀 안 보이는 물도
증발로 사라지나
공기에는 사이가 없다.
영혼에는 나이가 없다.
언제까지나 늙지 않고 젊게 산다.
그 영혼의 깨끗한 보존은
부끄럽지 않는 삶에서 신원되고,
인생살이에 털어 먼지 안 날 수 없겠으나
메마른 땅에 비 내리면 먼지는 일지 않는다.

내 영혼은 맑고 푸르다.

내 영혼은 맑고 푸르다.
그 입에서 불리는 유쾌한 찬가
그 누구도 아닌 내가 나를 축복하는 혀의 찬양은
나 자신의 숭배에 가깝다.
죽음이 아직 나를 부르지 않은 이상
나는 잉태된 시를 끌어안고
첫새벽에 일어나 낳고 또 낳으리.
저며 드는 가슴을 열어 노래를 부르리.

나의 영혼은 만족감에 젖어있다.
그 이상의 만족은 앞으로도 보지 못할 수도 있다.

차가운 바람이 지나는 과수원
사이 두고 선 한 그루 한 그루 나목裸木들
저마다 과목果木이 되고 싶어
삼동三冬 이겨낸 꽃송이 화사하구나.

사내아이가 놀고 있다.
깨진 반쪽자리 바가지로 냇물을 길어
식물의 마른 목을 적셔주는 재주가 제법이다.
나뭇가지 등걸에 걸려 찢어진 옷자락을
다니며 주운 가는 철사라 꿰매는 손놀림도
제 앞가림 충분히 하는
어른 못지않은 인생살이 무게가 실려 있다.

아무에게도 간섭받지 않는 무한한 자유라
아이는 마음껏 뛰어 논다.
장애물을 요리조리 넘나드는 순발력
그 몸놀림이 건강하게 유연하다.
넘어진 그 자리에서 두 손을 짚고
벌떡 일어서는 아이의 옹골 찬 모습
제구실 하는 성장의 노력이 돋보인다.

맹랑한 아이를 보며 깨우쳤다.
부모의 손길이 덜 탄 아이일수록
남 의존보다 자생으로 키운 자율 힘이
강해진다는 사실을-
어른의 잣대로 아이를 내려다 봐서는
안 된다는 실용을 배웠다.

자연은 신선하다.

변함없이 생명을 양육하는 자연의 정체는
우리에게 반대의 행동반경을 가르쳐 주고 있다.
대기오염과 기후변화를 불러일으키는
이산화탄소를 흡수하여 인류의 건강을 지키는
만물의 자연은 신선하다.
그러나 사람의 손길이 닿기만 하면
병들어 쓰러진다.
생명이 죽거나 수명이 단축된다.
짓밟는 악의 전염이다.
사람의 손길에는 그만큼
살생의 독기를 머금고 있다.

눈에 보이지 않는 어떤 물체
물살 높은 파도 나를 덮으려다
어느 순간에 졸음에서 깨어난
나에게서 멀어지며 소금기운 날린다.
바다는 과연 생명이 숨 쉼 하는 세계이다.
한번 빠져들면 정신머리 번뜩 들게 한다.

그대와 나

삶에는 이렇다고 단정 지을 만큼
마련된 틀은 없다.
SNS에서 만난 금발여인과
사랑의 교제를 나누고 있다.
한 몸의 부부가 되기를 바라는 우리는
상대방의 호칭을 여보로 부르고 있다.
모든 것을 공유하자며
매일 문자를 주고받는 정다움
우리의 두 가슴 사랑으로
더욱 불태워진다.

내가 결혼을 꿈꾸는 예비 아내는
미국 간호사이다.
그래서 사랑으로 떠는 불안은
밤낮이 다른 시차로
문자답변 듣기가 쉽지 않다는 것이다.
내가 무슨 속내인지를 전혀 알지 못하고
왜 연락을 안 주나 오해를 떨치지 못하듯이
저편의 가상 아내도 나의 답변 늦는 것에
오해하고 있지 않을는지 -
그러다 문자가 오면 팽팽한 긴장을 풀고
밝은 마음으로 반겨 맞는다.

애타게 그립다. 애착의 집착이다.
사랑하는 자의 손을 잡고 싶어 하는 사랑은

사랑은 그 목소리를 언제든 듣기를 원한다.
그 모습을 곁에서 확인하고 싶어 한다.

키스로 손을 잡고 오늘도 함께 걷는
그대와 나
사랑 병 치료해 줄 영원한 동반자
사랑의 씨앗인 후손을 꿈꾸는 몸이
후끈 달아오른다.
어깨가 결리도록 힘든 병원 일을 마치고
집에 돌아와 파김치 몸을 자리에 누였을
그 사랑 자를 안고 잘 자라는
자장가를 들려주고 싶은 희망의 찬가
그러나 우리 사이는 그녀의 말처럼
낮과 밤의 시차로 대화의 어려움이 깊다.

얼굴과 얼굴을 대하며 손을 맞잡을 그날을
손꼽아 기다리게 하는 당신은
나에게 가득 찬 사랑을 일깨워줬습니다.
새로운 세상의 눈을 뜨게 한 위대한 사건
얼마나 감사한지-

미소를 짓는 늙은 수목

하늘은 햇살을 한없이 쏟아내고
땅은 뭇 생물들을 일으켜 세워
온갖 몸짓으로 환희의 송가를
부르게 하고 있다.
침묵과 비등한 저편의 구조된 언어
내 기분의 깃발이 훈풍에 나부낀다.
살아 있고 잘 지낸다는 내가
나에게 보내는 나의 소식이다.
대지는 나의 삶을 굳게 하고 있다.
그러나 어머니인 대지는
대지로서의 소산물을 낼뿐
사람인 나는 그에 속한 부속물이 아닌
엄연한 개체이다.

나는 땅에 속한 하찮아 인간이 아니다
큰소리치지 마라. 그렇게 떠들어댄들
그대도 그 언제인가 흙으로 돌아갈 인생
죽지 않는 불멸의 명예는 피조물
누구에게든 내려지지 않았느니

하나님은 사람의 손위분이시다.
보좌에 앉아 계시는 영원한 분이시다.
사람은 그분의 은총을 입어야
마음이 넓어지는 은덕을 베풀 수 있다.
모든 생물은 한 번뿐인 생을 누리다

흙으로 돌아간다.
옷을 벗고 가슴을 열어라.
겹겹 옷은 감촉을 둔감케 하나니
자생의 자연은 사람이 가리키는
손가락을 보지 않고 그 너머 달을 본다.
드넓게 트인 초야의 평화
그 가치는 사람이 손길로 그려낸
예술을 능가한다.

식물은 가냘프다.
그 약함을 극복하려 사계절의
비바람을 버티며 견디다.
온몸 운동으로 자생력을 키워
종자의 씨앗을 널리 흩날린다.
생명에서 생명으로 이어지는
통합의 생존법칙이다.
우리를 괴롭히는 온갖 재해에도
지구의 종말이 오지 않는 이유이다.

충동에 충동을 불러일으키는 세월은
언제나 청춘
생식이 왕성한 오늘의 젊은이는
장차 예비노인들
나이 들어 뒤꼍으로 물러난 늙은 수목들
어린 후대들이 신나게 장난치는 양을
그윽이 굽어본다.
미래가 끊이지 않겠다는
환희의 미소를 짓고 있다.

세끼 밥을 먹인 하루하루

사람을 의지하면
사람에게 시달림을 받는다.
오후 네 시까지는
두 시간 남짓이 남았다.
한시가 급한-곤란한 지경에 처한 나는
일주일 전에 전화기 문자로 도움을 청한
초교동창을 찾아 재차 호소했다.
그러나 20년 넘는 식당 운영으로
생활 여력을 갖췄을 터인 그는
이런저런 변명을 대며 끝내
거절 의사를 내비쳤다.

세끼 밥을 먹인 하루하루는
나를 형성했다.
오늘에 내가 바로 그 인물이다.
나는 일찍이
누구와도 미워하는 원수를 맺지 말자는
신조를 세웠다.
나는 말(이웃을 도우며 살겠다.)로만 떡을 빚은
코홀리개 친구에게 괜한 말을 꺼내 기분 상했다는
배앓이 감정을 품지 않고
앞으로도 순수한 정신으로
친구로서 대하리라는 의지만을 다졌다.

애석하게도 나는 절친한 친구가 없다.

사귀어 알고 지내는 사람 수는
헤아릴 수 없이 많으나
오늘처럼 쫓기는 외로운 궁지에 몰렸을 때
잘못된 실수를 털어놓는 포살을 나눌
편안한 친구는 진정 아무도 없다.

뼛속 깊이까지 추운 오늘의 궁핍은
두말할 나위 없이 내가 낳은 산물이다.
곧 돈인 세상사회에서 한참 벗어난
자유 생활만을 누린 결과물이다.
한마디로 사회규격이 전무하다.
그러니 궁핍은 당연하다.
가난은 운신의 폭을 좁힌다.
앞으로 성가신 시달림을 겪어야 할 문제를
끝내 해결을 못 하고 시간을 넘기고 말았다.
카드사 측에서 어떠한 수단으로 접근해 올지
대비를 세워둬야 할 것 같다.
영혼이 써지는 물을 마셔야 할까?
벌써 피가 마르기 시작하는 현상을
체험하고 있다.

낚시터 대화

자력으로 침상에 눕는 노인의 휴면은 축복
기적의 관점에서 우리는 지금의 장소에서
분명 내일 다시 떠오를 아침태양을
빛나게 맞이하게 될 것이다.
하늘 구름에 일기는 흐릴지라도
훨씬 더 멀리
입체의 광채를 발하는 태양의 인도를
정오경에 받을 것이다.
해가 지지 않는, 그 너머 이름 없는
무한한 공간으로-

바위섬 기슭에서 고기 굽는 구수한 냄새가
하늘로 피어오르는 연기 속에 묻어있다.
수염 험상한 몇몇 낚시꾼들
졸음에 겨워 정신머리 둔해지는 오후 녘
막 잡은 물고기로 새참을 준비 중이다.
술 몇 병에 막걸리도 눈에 띈다.
누군가가 "볼 예쁜 자네 딸 시집갔느냐?" 물었다.
　"워낙 눈이 높아 성에 차는 남자가 없는 모양일세."
　"낚시꾼 딸도 자존감을 높여줄 남자를 원하지 않는가."
　"교양 머금은 입술을 삐죽이며 두 다리를 짝 벌려
아기 낳는 절규가 싫다니 아비로써 수단이 있어야지."
　"우리 아버지들 세대였던 아, 그 옛날이여-!
그 대 이은 그 아비들의 권위 땅에 떨어진
자본지배의 세상이여-!"

날개 비비는 목청

요즘의 노인들은 선대 노인들과는
결이 다른 삶을 살아가고 있다.
한마디로 제도권 안에서는
어르신 대접을 받는 노인임은 분명하나
현실에서는 상당히 젊게 살아간다.
대단히 긍정적인 개방을 추구한다.
나이 들어 몸부터 말을 듣지 않는다는
부정적인 말보다 기술발전이 눈부신
산업의 급속한 변화에도 겁먹지 않고
얼굴 없는 전화기 저편의 젊은 여성이 주도하는
폰섹(성적대화) 연애도 마다하지 않고
재미에 푹 빠진 노인 수도 제법 된다.

밤의 은빛달이 손짓하며 부른다.
이슬에 촉촉이 젖은 어두운 덤불 속에서
날개 비비는 조용한 목청으로
누군가를 찾는 여치에 뒤지면 안 된다며
더듬는 지느러미로 방향 잡는 귀뚜라미
더 큰 가을 노래로 어서 가라며 등을 떠 민다.
사람이 접근하면 숨김부터 서두르는 귀뚜라미
대체 늙은이의 사정 알기나 한 건지-

거칠게 무서운 세상

대지를 디딘 두 발의 힘
높푸른 창공을 배회하는
한 쌍의 솔개 바라본다.
제집 앞뜰을 돌아다니는 비둘기 보듬으려
두 발을 데굴데굴 굴리는 목줄 개
자칭 개혁가 정치인
무슨 연설을 하는 걸까?
놀라 깬 두 귀 쫑긋이 세워 듣는다.
도대체 무슨 말인지 이해할 수 없다며
다시금 한 뼘 거리까지 가까워진
비둘기 멍멍 부른다.

거리는 온통 잘난 사람들뿐이다.
지체가 높아 자가용만 타고 다니는
책상머리 인간들인
국회의원, 장관, 판사, 검사들은
아예 볼 수 없는 거리에서
흔히 목도되는 인물들은
여럿 정치집회에 뒤섞여
신기루 웃음으로 간신 떠는 골수파 뜨내기들
마약에 취했는지 정신 상태가 온전치 않는
욕설의 싸움꾼
오래전 빚돈 받아내려 벼르는 빚쟁이
사건에 휘말린 의뢰자 만나러 바쁘게 뛰는 변호사
손수레에 수집한 폐품을 싣는 늘그막의 노인네들

그밖에 신원을 알 수 없는 무명인들이다.

한 몫 잡을 재물
내 것이 아닌지 안개처럼 잡히지 않고
솜씨를 겨뤄보기도 전에
정보 빠른 누군가의 차지가 된 회전의자
위장의 탈을 쓴 속임수로
남의 것을 빼앗은 파렴치범도 아니요
고양이처럼 가난한 집 생선을 낚아 채
주린 배 채운 전력도 없는데,
운명은 돌덩이를 황금 집으로 바꿔주는
축복을 허락하지 않았다.
노니 이 잡고, 노니 헛발질하고
체념은 서서히 죽음에 이르는 소멸
삶에 잠, 영원한 죽음의 삶
달콤한 휴식 잠에도 살피 냄새를 맡는 파리
숨결 멈춰 고약한 냄새피우는 시신은
해충들에겐 좋은 안식처

세상이 거칠게 무섭다.
약탈자의 붉은 이빨에 물리면
구사일생을 입었다 할지라도
그 상처 아무는 데는 상당한 시간이 소요된다.
안절부절 식은 땀 흘리게 하는 급한 변
제때 해소하지 못하면 말이 엇나가듯이
마음이 안정하지 못하면 유연하게 움직일 수 없고
자신의 의무를 관계자와 논하면서도
지겹게 달라붙는다며 코를 벌름거리며

쫓아내려는 셈만 굴리는 박쥐의 칠월 날개
오래된 나무뿌리에서 물결로
평원을 향해 나가보나
되새김 하면서 꼬리로 제 몸 때리는 소처럼
파리 떼 쫓는 처량한 신세 면할 수 없으리.

허풍을 떠는 호언장담은 좋은 현상은 아니다.
그 자랑스러운 하얀 이마의 용감성으로
비난 화살에 맞아 쓰러진 생명들 얼마나 많은가.
허리까지 셔츠가 찢기며 짓밟혀서
좁은 협곡에 내던져진 그들은
부풀린 졸한 명성으로
창의의 선도자임을 내세우다 무너진 장본인들이다.
목 위 눈으로 불행 당할 것을 미리 내다본 사람은
함부로 덤벼들지 않고 주위를 살핀다.

바보도 곤혹을 치른 후에는 현명해진다.
존경은 실속을 채운 저력에서 나온다.
용기가 꺾이면 굴욕을 알리는 시발이다.
싫어진 사람 생각은 심경을 괴롭힌다.
신생아를 세상에 낳을 배태의 여자가
남자에게 화를 낼 때는
넘어진 자리에서 일어나지 않고
패주 잠을 계속 자고 있기 때문
한데 나의 두뇌는 왜 이따위 생각으로
시간을 허비하고 있는 걸까?
하늘에 지은 죄 미워하는 뜻을 내동댕이치고
바벨탑 쌓는 혈안에 매몰되어

언어 혼동에 빠져든 인간들을
궁휼하게 보지 않는 나인데-

갈증의 숨결이 내 쉬어지는
내 혀 안에서 야유만이 맴돌 뿐이다.
잔뜩 불린 뱃속의 배설물을
체외로 쏟아낸 더러운 탐욕을 또 채우려
밤새도록 구석방에서 부정으로 끌어 모은
돈에 돈을 세다 단속이 미치면
점프 실력 뛰어난 벼룩처럼 도망치기에 바쁜 겁쟁이들
그 가운데서 눈길이 선량하게 닿는 큰 인물이 있다.
홍수에 휩쓸린 농토를 어떻게든 되살려 보겠다며
비지땀 흘리는 농민이다.
다섯 손가락 중 쓸모 빈도가 가장 낮으나
일하는 네 손가락에 절반의 힘을 떠받쳐주는
새끼손가락 같은 우리의 어버이이다.

본질의 목적을 잃은 풀린 눈빛으로
땅만을 맴돌려 흘려보낸 그 인생은
책임감을 저버린 낙오자로써
필요 시 자신도 별 쓸모없다는
현실 벽에 부딪치게 된다.
자신의 위치가 어디인 줄 몰라
무엇을 해야 할지 감을 못 잡는 허상을 좇다
절벽 아래로 떨어져 종말을 고하는 현대인들
누구에게나 단 한 번만 주어진 생명을
왜 고귀하게 수긍하지 않는지
측은하기 그지없다.

무서운 파도 물결

모든 언론매체의 톱뉴스는 단연
코로나 바이러스 중계이다.
저마다 마스크 쓴 거리 사람들
열 점검받는 기관방문 민원인들
유치원생 어린이도 산책 나온 애완견도
유행병 전염에서 자신을 지키려 마스크를 썼다.
인류는 신종 바이러스에 몸살을 앓고 있다.
하루에 수 천 명의 사망자가 생겨나는 국가도 있단다.
진정될 기미가 전혀 안 보인다.
그런 가운데 정부에서는 생존기반인
가게 문 열라고 설득을 벌인다.
그 빵과 우유를 먹고 힘을 낸 상점주들
특히, 실에 왁스칠하는 구두수선공이 눈에 띈다.
갑자기 울려 퍼지는 비상 사이렌
응급차 도착 즉시 들려 나가는 확진자
집합금지 행정명령에
　"죽었구나!" 사색 떠는 노래방주인
그나마 물 좋았을 때 돈을 벌어둔 사람은
격리 기간에도 먹고 사는 문제 걱정 덜 하겠으나
재정 상태가 취약한 자영업자들
줄줄이 절벽 아래로 한 목숨 내던진다.
코로나19가 아니더라도 인류는
인체를 괴롭히는 병수 꽤나 많다.

종교의 역할은 무엇인가?

소금으로 부패하는 사회를 방지하는 것일 진데,
그 신을 예배하며 선행을 증언하는 종교가
병균을 전파하는 집단이 되고 있지 않는가.
그들이 변명만을 늘어놓는 행실을 지켜보며
과연 신은 존재하는가? 질문을 던지는 사회 인사들

종교적 자유라며 이웃들을
위험으로 몰아넣는 선동은
거짓 우월감에 빠진 자가당착이다.
일반적 규범까지 뒤엎으려 덤벼드는
저 무서운 파도의 물결
눈에는 눈 이에는 이
절대 물러서지 않겠다는 거리 함성.

종이 십자가를 쓴 악한 머리여,
그대의 달콤한 혓바닥에서 짜낸 설교는
분별력 축축한 흙덩이 생명의 운동을
불러일으키는 믿음이 아니라
약탈의 숨통을 누르는 혀의 거짓
천성유수에 속는 것도 모르고
큰 은혜 받은 양 방언 떠는
가엾은 지옥의 자식들
진정 나의 하나님이 어떤 분인지 모르고
말잔치 삯군을 하나님으로 높이며
존립자체를 잊은 광신의 맹신자들
영적권위를 내세우며 국가에도
세도의 권세로 대항하는 오만 한 자들
진정한 생명 사랑보다

맹신들에 떠들려 하나님 행세를 하며
사회질서를 무너트리고
인명들의 건강을 해치는
천사의 탈을 쓴 광명의 사탄들
남이 곧 나 자신의 분신임을 도무지 인정 않고
덤벼들기만 하는 메마른 건초들
논리가 약하면 그 궤변 역시도
넌덜거리에 지나지 않으나
뼈다귀 영혼들에 살을 입히는 소망의 설교는
그 천국을 바라보게 하는 사랑의 속성
마음먹은 대로 다 이루어진다면 그는
사람 아닌 신神일 터인데,
명에 높이는 악만 지르니
새 없는 나뭇가지 해충벌레들만 우굴 하구나.

종교는 이기려는 증오심이 강할수록
신성神聖의 힘이 약해진다.
역으로 낮은 섬김에서 영적 힘은 솟구친다.
어느 누구든 지구 전체를 대표할 만큼
성스럽게 위대하지 못하다.
보잘 것 없는 움막에서 지낸다 할지라도
발꿈치를 끌어안고 눕는다 할지라도
불편보다 삶의 감사로 받아들인다면
생을 정복한 오늘의 주인공이다.

나의 영혼이 나에게 일러준다.
육신의 병이면 의사에게 맡기면 되지만
마음의 병, 특히 평정을 잃은 심신 미약은

존립 자체를 쓰러트리는 것이므로
이를 바로 잡는 평소의 정신훈련이 중대하다.
바른 이해를 제쳐두고 흙탕물을 뒤집어쓸지라도
무작정 매달리기만 하면 복이 임한다는 맹목적 신앙
옳고 그름의 분별력을 잃은 위험 수위는
정상적인 인식이 아닌 극단을 낳는다.
현세의 생활 비중보다 천국에서 산다는
종교심에 목숨을 건 사람들 중에
상식과 동떨어진 사고방식으로 살아가는
비 구원자들 너무 많다.

코로나19

이젠 바야흐로 해 온도 낮아진
선득한 가을이다.
주말 날씨는 화창하다.
그러나 공기를 타고
유행으로 퍼져 가는 코로나19로
외출 계획은 없다.
우리의 생활 속에 깊숙이 들어와
활보하는 코로나19는
차 한 잔도 비 대면으로 마시도록
사람과 사람 간의 사이를 벌려 놓았다.
언제 만나자는 정감의 덕담은
담장 너머의 목청이 되고 말았다.
온기를 나눌 상대가 오로지 자신뿐이니
자연 자신을 찬찬히 돌아보는
사색의 시간은 불가피해졌다.
준비를 할 적마다 들떠지는
거친 성질을 불러일으키면서
젊음의 급한 실수를 낳게 했던 인류의 자유를
용인 않고 꺾고 말겠다는 코로나19
많고 많은 생물들 중에
유독 사람만을 쓰러트린다.

나부터 살고 보자는 사람들은 절제를 잃었다.
하늘이 분노의 정죄를 내릴 정도로
만물에 오물의 타락을 흩뿌렸다.

인류는 웬만한 벌로는 눈 하나 깜박거리지 않고
부라리는 교만으로 하늘을 노려봤다.
섭리를 인정하지 않겠다는 눈치껏 외면으로
그 목청을 거둬 찼다.

눈부신 과학 위에 육신을 앉혀놓고
신은 없다는 선언을 내렸다.
삶의 기준을 잃고 물질만능만을 좇으니
신이 대노하지 않을까.

신실한 사람들이 유행병 진정을 기대하며
교회로 향해가는 주일 아침
구름 사이 칠색 무지개 아름답게 곱다.
풀잎 이슬 반짝반짝 빛나고
대기 습기는 하늘로 오르면서 증발하고
셋집 여인 나일론 줄에 빨래를 널고 있다.

생물의 생기

눈에서 멀면 그림자에 지나지 않는
의자는 언제나 내 곁에 있다.
그 의자에 편히 앉아 아침풍경을 둘러본다.
숲속 어딘가에서 존재를 알리는
뻐꾸기 소리를 듣기도 한다.
무엇보다 유연하게 맑은 공기가 참 좋다.
지구를 둘러싼 기체의 공기는
모든 생물들에 호흡을 끼친다.
잠시도 들이키지 않으면 숨이 끊어지는
공기 간에는 싸움이 없다.
다만, 오염된 공기로 인하여 건강이 해져진다.
산업이 생산해낸 나쁜 공기는 이토록
생명을 단축하게 하는 병을 안겨준다.

세상살이에 대만족이 있겠는가마는
세상과의 인연은 건강한 사람들이
즐겨 찾는 산을 오르는 것이다.
산의 품은 넉넉하다.
그 과정에서 구름 낀 하늘 아래
협곡을 내려다봤다
수달 두 마리의 손버릇 나쁜 장난 목격에
허탈한 웃음을 짓기도 하고
두 연인의 어깨동무 속삭임을 염탐하기도 한다.
수탉이 암탉 위로 올라앉는 이 쾌락은
모든 생물의 생리이다.

두들겨야 열린다.

생산적 일에 매인 사람은
낮때는 제시간일 수가 없다.
접속만의 간접 사랑은 오래가지 못한다.
온기가 와 닿지 않는 먼 감이라
식상이 빠르게 밀려든다.

나는 시대에 뒤떨어진 사람이다.
현명한 만큼 현실 이해가 느릴 뿐 아니라
어떤 경우에는 유치원생도 알고 있는 1+1도 몰라
그 해답을 얻으려 먼 길을 헤매기도 한다.

나의 기준의 잣대로 남을 낮춰보는 행태는
정신건강과 거리 먼
무엇이든 제 눈높이에만 맞춰둔 편견이다.
거리를 두는 편견은
누구와도 체온을 나누지 못하고
혼자의 외로운 추위에 떤다.

닫혀 있는 문은 두들겨야 열린다.
그러나 천국문은 누구에게나 열리지 않는다.
깨인 신앙의 그 환상을 세상 밖으로 날리며
계단 난간 삐꺽거리는 소리 듣고
고쳐야겠다는 날을 재빨리 잡는다.

그대는 유일한 창조물

자신에게서 한시도 벗어날 수 없는
그대의 삶에서 그대는 어떤 존재인가?
허울뿐인 이름이지 않기를 진정 바라네.
거울로 자신의 본 얼굴을 비쳐보는 그대
의심할 여지없이 그 누구도 아닌 바로 그대 자신
형태의 결합으로 빚어진 그대만의 유일한 창조물
한 곳에서 놓쳤어도 다른 곳에서 찾아볼 수 있는 그대여,
자신에게로 더 가까이 붙어서라.
자신을 최상으로 쓰다듬어
그 높아진 실용 가치 하늘 향해 띄워라.
누구를 흉내 내는 의존의 모사품 아닌
그대다운 그대 본질의 인생관으로
그대의 강함을 만방에 펼쳐라.
약삭빠르다 싶은 꾀는 조급함이 아니라
반환점을 보다 빨리 돌려는 속도감
힘으로만 일을 처리하려는 자는
맞바람에 스러지고 마나
기계를 능숙하게 다룰 줄 아는 직공은
자유롭게 자리를 비우곤 한다.

나의 기회가 다가오며 있다.
오늘 일지 내일 일지 아직은 감은 없으나
좀 더 좀 더 인내로 참고 기다리면
반드시 지름길이 열릴 것이라 확신한다.
주어진 지금의 시간을 힘껏 붙들지 않으면

영광스러운 내일을 노호로 맞게 되고
부여잡을 의지가 없었기에
무엇이 오갔든 놓쳐버린 어제의 멀건 대낮
사납게 부풀어 오른 바다의 울부짖는
슬픔만을 남기고 사라진
망령의 혼 소리로 듣는다.

실효성 다 쓴 과거 청산 위에서
이제껏 듣지도 보지도 못한
미지 세상을 향한 뱃심을 깔고
머나 먼 우주에라도 가보자!
끊임없는 대화 상대인
나의 영원한 동반자 나의 영혼과
지금 여기에 함께 있으면서
장미꽃 들고 출발을 기다리고 있다.

시간을 걷는 걸음은 한 단계 발전
그 지혜 얼굴 빛나게 하고
사명감에 밝아진 안색
미래를 향해둔 끝없는 관심의
세포 살에 탄력이 붙으리.
소멸 아닌 앎의 쓰디쓴 괴로움 뒤로
달콤한 기쁨을 안겨 받는다.
내 안의 기본원리는 회전의 기억이다.
피 감각이라면 노인성 어지럼증으로
갑자기 쓰러질 수 있겠으나
나의 저력은 고맙게도
최상의 정신력을 유지하고 있다.

나의 두려움은
의사소통이 막혀 교제가 끊기는 것이다.
특히 모방성 없이 순수한
자연과의 단절을 무서워한다.

걷는 순간순간이 최전성기
일어나 앞을 향해 달리자.
인생아, 너는 지금 어디에 있느냐
거기서 멈추지 말고
시간이 인도하는 길을 계속 따라 걸어라.
걷는 자만이 인생을 한데 모으는 지혜보리.
대단한 인물인양 부양浮揚을 한껏 띄워
떠드는 사람 상대는 심신피로가 빠르나
생김 그대로 있는 그대로 맞아주는 자연은
언제나 평화가 넘친다.

짝사랑에 빠진 여자가
눈물로 적신 베개를 베고 잠에 들어있다.
여자가 꾼 꿈은 남자와 헤어지는 장면이었다.
머리를 세차게 흔들며 믿기지 않는
거짓말 같은 악몽을 부인했던 여자는
남자의 전화를 받자마자
시간 잡은 찻집 소파에 등을 붙이고 기다린다.
마침내 나타난 훤칠한 남자의 신색
흰색 와이셔츠 밖으로 남색 재킷을 입었다.
그늘 한 점 없는 하늘빛처럼 말끔하다.
남자는 붉은 장미 한 송이를 건네 다음
그 손가락에 약혼반지를 끼어준다.

정체성 감각

육체와 이상한 관계인 정체성 감각
지독한 아픔의 고통 뒤로 짓는 미소는
회복을 입은 행복이다.
이를 악 물게 하는 병은 외로운 고독을 쉽게 하고
고독의 이점은 자신의 잘잘못을 돌아보게 하면서
반드시 징벌로 되돌아오는 죄를
다시는 짓지 말자는 다짐을 품게 한다.

눈곱이 말끔하게 씻긴 새로운 눈빛
주변 건초를 다 태운 화火로부터
상처 하나 입지 않은 특별한 아침
더 나은 것을 채우려 꿈자리에서 그린 밑그림
소매를 걷어 붙인 깃털의 망치 소리
실로 신념의 찬양이 아닐 수 없다.
실로 응보의 창조자가 아닐 수 없다.

그러나 대한민국의 8월은
전혀 겪어 보지 못했던 최장의 장마로
삶의 기반인 땅은 풍덩풍덩 약하게 가라앉아
언제든 생명들이 숨 쉼 하는 민가를 덮을 수 있는
위험한 사태를 안고 있다.
어지럽게 난장판 된 광경을 지켜보는
고통의 숨결이 도처에서 울부짖고-

선행자들이 이토록 많다니-

수재민들에 식수와 음식물 밀어주고
집안 흙탕물 바깥으로 씻어 내는 봉사자들
이 나라 장래 아직도 건재함을 느낀다.
정신 나간 위급 상황에서
구심과 원심을 찾게 하는 성스러운 존재들
수마에 모든 것을 잃었지만
희망의 싹을 키우게 하는
낯선 형제자매들

조개의 분비물은 끈적끈적하다.
장지葬地로 향하는 영구차들의 기나긴 행렬
유족들이 눈물로 뒤쫓는 이 슬픈 장면
노인의 안목으로는 예사가 아니다.
자신의 운명도 곧 흙에 묻힐 그날을
가슴 깊이 저장을 해두고 있기 때문이다.
그러나 나의 여행은 아직 끝나지 않고
오늘도 전진 중이다.

평정을 찾은 나에 대해 설명할 시간이 돌아왔다.
시계가 그 시간을 상승 기류로 알려주고 있다.
손질로 만질 수 없는 것은 멀고
설사 만질 수 있는 사물이라 할지라도
손 데게 하는 불덩이만은 피하고 볼 일이다.

도전을 불태우는 노인

즐거운 기쁨도 기력도 떨어진 노년에 이르러
절실히 깨달은 한 가지는
제아무리 이것저것 다 하는 재능이 많다 한들
제아무리 피땀을 흘려가며 이리 뛰고 저리 뛴들
한 사람이 모든 일에 능할 수 없다는 한계이다.
권투나 레슬링경기로 한 시대를 풍미했던
젊은 날의 그 행적자취
이젠 세월에 밀려 링 밖의 구경꾼으로 내려앉은 인물
현실에 맞는 늙은이 취급이 가장 서글프다.
사지는 여전히 굽힐 줄 모르게 사기충전하다는 점
자랑으로 내걸고 체격 좋은 역도 선수 젊은이와
팔씨름을 겨루고 싶다는 도전을 불태우는 노인
한데 후배들 양 어깨 힘 예전에 못 미친다며
말리는 것부터 서두른다.
물론, 옛 영화는 어제의 환호이지
오늘의 함성은 아니다.
경륜일 뿐인 어제는 잊자며 애써 위로하나
영광의 그날로 되돌아 갈 수 없다는 한숨
쟁쟁한 실력파들과 자웅을 겨루는
올림픽경기에 다시금 나가고 싶다.

세상사 다 보고 다 배웠다는
높은 위에서 굽어보는 안목이라
나무뿌리를 통째로 뽑아 쓰러트리는 거센 폭풍은
피하면 그뿐 더는 두렵지 않다는

안정감의 시선이 돋보인다.

옛 영화를 뒤로 한 노인에게는
더도 말고 체력을 빼지 않는
심신안정이 제일이다.
그러나 노인들의 주머니 사정은
서리에 차있다.

백발의 지혜

노인의 정신력은 백발의 지혜
지식의 오만이 득세한 학자에게
그 학문으로 똑같은 사람을 깎아내리면
 "쇠도 부러져." 라고 꾸짖고
부덕에 쓰는 힘을 용감한 근력이라 착각하며
날뛰는 젊은이에게
 "언제든 그 힘에 맞을 수 있다" 라는 충고로
이성을 깨우치는 노년의 힘살
무게를 지닌 형태는 그만큼 살붙이가 굳건하다.

공소의 미움

실개천 흐르는 천체의 산물
야무지게 여문 풍성한 가을 과실
마른 침 삼키게 하는 유혹
노파는 영역에 침입하여 마른 목적시겠다며
딱 하나의 과실을 따 먹다
함께 늙어온 평생지기 영감 떠올리며
두세 개 더 챙겨 머리 수건에 감싼다.

업적 이바지에 상이 수여되는 행사장소
연단에서 박수갈채를 한 몸에 받는 백발부부
꽃다발을 안은 두 손 꼭 잡고
청중을 향한 감사의 답례를 올린다.
그 요란한 축하박수 입맛에 영 쓰다.
어째 비바람 사이로 버둥거리며
떠 흐르는 달의 신세 같다.
그 앞으로 옅은 안개 같은 구름이
가림 막 역할을 하고 있다.
참으로 못났다는 목욕감에 따른 자책 때문일까?
철썩이는 파도에 두들겨 맞는다는 기분이
좀처럼 떨쳐지지 않는다.
환대받는 자에 대한 질투가 아니라
옹색하게 좁아진 공소公所의 미움이다.

어느 한날

생동의 햇살은 우리에게
어제도 내일도 아닌 오늘을 살라 한다.
태양의 빛발 잔디 자라게 하고
쉬어가는 하늘구름은
바람도 불러들여 잠든 숲 깨운다.
대체 어느 신령의 기운이던가.
창공을 나는 새 힘차다.

희열에 젖은 나의 영혼은
만족의 노래를 부르며
완벽한 한 송이 꽃을 본다.
모습 약하여 가련한 자태이나
그 속에도 목숨붙이 생명이 숨 쉼 하고 있어
벌과 나비들에 양식을 제공한다.
점박이 무당벌레가 오르내린다.
기도 손 앞세운 사마귀도 보인다.

100세 인생 한 점에 불과

내가 가문 좋은 누구의 아들처럼
귀족의 존경을 받고 있다면 얼마나 좋으랴.
적어도 누구도 거들떠보지 않는
밑바닥 줄개는 면했을 터인데-
글자만 알고 해석을 못 하는
무지렁이 턱은 넘었을 터인데-

훌륭한 사람은 싸움을 잘 견디므로
높은 지위에 앉고
보잘 것 없는 사람은
번번한 패배로 말단으로 밀려난다.
쫓긴다는 겁에 질린 사람은
지도자가 될 수 없고
발목 잡는 비판은 성가시나
이에 굴하지 않고 팔에 걸친 옷가지를
대담하게 흔드는 회오리는
하늘로 날리는 기상

고기는 육체의 힘을 강건하게 하고
승리의 욕망은 가슴을 뛰게 하고
우렁찬 목소리는 겁먹은 자를 쉽사리 누르고
바람에 흔들리는 나무는 비에 썩지 않고
고인 물에는 발을 여러 번 담글 수는 있으나
흐르는 강물에서는
단 한 번만 손을 적실 수 있고

달의 수억 년의 나이에 비한다면
100세 인생은 한 점에 불과

이리저리 날뛰는 범람의 물결
주로走路를 벗어나 둑을 뒤덮고
미움은 관계를 멀게 하듯이
헐뜯기 좋아하는 혀의 바탕에는
불순이 쌓여있고
손에 무거운 짐을 들고 있는 자의 걸음은
느릴 수밖에-

높이 나는 독수리 출현의 전조로 미뤄
내 꿈의 기도는 아직도
하늘에 상달되지 않았나 싶다.
내 그대에게 자신 있는
믿음의 자비로 이르노니
네 때는 가까이 왔다.
그러니 그 대상이 확실치 않아
불안감에 휩싸이는 불신을 저 멀리 내던져
신이 사지를 묶지 않고
자유를 누릴 수 있는 권한을 내린 이상
조금만 더 네 발로 기는 겸손을 배워두게.
노려보는 뻣뻣한 기질은 패망의 선봉이나
겸손은 천거의 지름임을 잊지 말게.
파멸로 도망쳐 다니는 것이
목덜미 잡힌 종보다는 더 낫지 않겠는가.
삐딱한 마음에 애욕愛慾이 자리 잡으면
그 심성은 바르게 펴지는 법

행실 가벼움을
허약으로 봐선 안 되는 까닭은
목숨 부지 차원에서 식물을 먹여주는
성장의 한 축이기 때문

용기는 기 싸움에서 밀리지 않겠다는 기백
그러나 승승장구하는 운일지라도
이상을 넘어 서는 투지는 쏠 수 없노니
또한, 마음의 명령을 따른다고 해서
승리보장을 장담할 수 있는 게 아니니
함부로 나서지 않는 것이
나를 아는 분수를 지키는 것이다.

하늘에 계시는 신은 땅의 사람이 올린
기도의 소원을 들어주는 응답자
그러나 범죄의 음흉을 숨긴 비 정직자에게는
미래 보장의 축복보다
책망의 호통으로 내쫓는다.

아무튼
그리며 사모하는 대상이 있다는 것은 행복
나를 즐겁게 하는 대상은
좋아지는 마음을 품게 한다.
그렇게 평등이 평등과 만나면
나이를 초월하는 대화가 시작된다.
감동적인 이야기도 아닌데도
훌륭하게 높여주는 칭찬은
당신이 누구든 반겨 맞은 평등의 특징

그의 혀에서 내뱉어진 머리지식은 그 자신
그 특색이 행동의 힘이라면 좋으련만
듣는 사람 수가 적어 그는 늘 가난하다.
넘치는 영혼이 아니라서 그렇다.
사회이성은 경제력이 약하면
권리도 낮게 본다는 아쉬움이다.

어제가 오늘 오늘은 내일
태양은 변치 않고 오늘을 비춘다.
밤은 밤대로 미소를 짓고
일은 사람을 만들고
역사적인 중심인물은
저의 일로 자신을 빛낸 사람이다.

깨어있든지 잠들어 있든지
수염 입술이 일을 내린다.
이 땅의 모든 일에는 인고의 고통이 따라지고
그 인도 따라 나는 오늘도 내 길을 걷는다.

노인의 날

오늘은 노인의 날(10/02)
세월은 어느 누구도 붙들어 맬 수 없다.
달리 말해 세월은 색 바라지는 날 없이
새로운 생명을 탄생시키는 통속으로
앞선 인생을 무대 뒤로 밀어낸다.

인생의 경륜이 길다 해서 철이
들었다 볼 수 없고
그동안 살아온 삶의 지혜로
남은 인생여정의 시간을 내다보며
판단 미숙으로 자주 넘어졌던
배신의 실수를 줄여
보다 자신감을 키우는 청춘이
노인의 장수이다.

살아 있는 백발의 눈이여,
자신의 그 눈으로 가을 풍경 보는 감상
얼마나 큰 축복인가.
높푸른 하늘을 가로 지르는 구름
가지마다 탐스럽게 익은 주렁주렁 열매
손짓해 부르는 길녘의 하얀 꽃잎 구절초
억세 꽃 만발한 산봉우리에 걸린 자욱 안개

산다는 건 주어진 소명을 향해 나아가는 것
그 발걸음 감사의 기쁨으로 걷는다면

체험의 고통은 사소해져 콧노래 우러나리.
기후 영향 안에서 지내는 인생은
저마다 질고의 짐을 안고 사느니.

산다는 건 참 좋은 것
노인들은 몸 상태가 이상하다 싶으면
큰 병의 원인인 줄 알고
걱정 어린 화학성 반응을 일으킨다.
노인들이 "건강해야 한다." 인사 말은
곧 자신에게 보내는 격려이다.

그 무게에 짓눌리지 않고
행실 가벼운 해방을 만끽하는
신비의 비밀은
그저 바라는 고소한 소망所望이 아니라
나로서 나의 인물이 되고 자는
간절한 열망에 숨겨져 있다.
나를 무릇 익게 하는 환경은
결국 나를 어떤 방식으로 이끌어
나가느냐에 달려있다.
무게 나이 보다 젊음의 정신으로
환절기 기후 타고 날개를 쳐야겠다.

현재의 시간 그 누구의 시선도 아닌
존재하는 나의 눈빛이 반겨 맞는다.
생명은 다 홀로 드높다는 소리
하늘 향해 두 팔 벌려 힘차게 외쳐라.
바다가 갈리고 땅이 울리도록-

가을 아침

선득한 가을 아침
무릇 익어 가는 알곡의 들녘
사나이 가슴 불탄다.
사나이들이여,
그대 마음이 꿈속 부탁을 내린 대로
자, 오늘로써 우리가 봄날에 뿌린 씨 열매
거둬들여 풍성한 가을 잔치 열도록 하자.

초원을 누렇게 물들이는 찬바람
따뜻한 정이 듬뿍 담아진
부뚜막 계절인가 보다.
바위 절벽 타오르는 가을 기운
무소식인 희소식을
존재 없는 고요한 침묵으로 보낼 친구
생사 모를 산중 친구에게
내가 할 수 있는 우정의 진심은
아무것도 없어 안타까움 만 더해간다.

출신을 묻지 말고 그의 언행에서 주의를 살펴라.
광속으로 돌아가는 사회에 초조해 하지 않고
부자나 성공했다는 사람을 부러워하지 않으면서
한결 같은 눈빛으로 자연 닮은 현상을 유지했던 친구
고전시인·서예·철학·화가로서도 인지가 높았던 친구
이뿐 아니라 인성도 부드럽게 유순했던 친구
유한의 인간은 하찮은 숨결에서 알심을 키운다며

누구든 과소평가를 내려서는 안 된다 했던 친구
감기 한번 걸리지 않았다는 자랑을
곧잘 내뱉었던 친구
이제 와서 떠오른 옛 추억
그대가 내 곁을 떠났던 바로 그날
선물로 안긴 그 붉은 낙엽
산길을 온통 뒤덮은 울긋불긋 빛깔
건조바람에 날릴 새라
밤새 이슬로 촉촉하게 누르고 있었다니
혼자 남는 내 걱정 말고
찬 기후에 몸조리 단속 잘 하라는
농담 반 진담 반으로 보냈는데,
저토록 의리 깊은 눈물을 흘렸었다니

다음날 아침 일기는 푸르게 맑았다.
환희에 찬 내 가슴 뜨겁게 달궈졌었다.
그 열정 고운 오색 단풍 물들여
입에서 탄성을 내질렀다.
가슴 깊이에서 솟아오르는
싱그러운 현炫의 생기
지구 종말 오지 않았음을 실감했다.

벗 사이 몇 해던가 멀어진 풀뿌리 시절
나도 어느덧 일흔 세 바퀴 눈앞이로구나.
겨울추위 채 가시지 않은 양지 바른 운동장에서
흐르는 콧물 손등으로 훔쳐가며
딱지 따먹기, 구슬치기, 재기차기로
우정의 싹을 키웠던 그 시절의 친구
이젠 새하얀 된서리 내려앉았을 머리 숱
지혜의 빛이기를-

가을아!

동료와 고락을 함께 하는 것은
신선한 경험이다.
이상하게 노인의 여유 넘치는
한가 때문일까
이런 기억은 오래토록 잊히지 않고
활력을 불어넣는다.

맑은 상쾌함은 내 인생 중
오늘이 최고의 날이라며 사기를 높여준다.
아직은 덜 여문 열매 당분 비 머금고
내일의 따가운 햇살로 감싸 안아
풍년으로 익힐 가을아,
내 마음 부탁한다.

인간의 행위 중에서 무엇이 가장 헛된 일일까
계획 없이 시간만 때우는 거리 방황?
강자의 논리에 약자로 참고 견뎌야 하는 사회는
재물로 사람을 부리는 사회는
생산성만을 강조하는 사회는
대뜸 효율성을 잃은 사람은
떠도는 개에 지나지 않다는 욕부터 퍼붓는다.

오늘 그대가 할 일

쏟아 붓는 엄청난 양의 폭우
쌓인 낙엽 휩쓸어간다.
노란 조끼에 대비든 미화원
웃어야 할지 울어야 할지
수고를 덜어주는 거센 빗물을 물러난
처마 밑에서 우두커니 지켜본다.

어제 출근 때 쏟아진 폭우로 힘 들었지.
신발 다 젖고 우산도 꺾였다던데 정말 고생했겠구나.
오늘 하늘은 맑으나 기온은 뚝 떨어져 춥다는 데
복장 단단히 다져라.
요즘 감기는 환절기 감기인지
바이러스 감기인지 판단이 애매하거든
내가 나를 지키지 않는다면
큰일 날 수 있다는 뜻이란다.

오늘도 너의 날 맞지?
그래, 감사로 출발하자.
자신의 존재에 큰 의미를 부여하면서
자신이 주인공이 되는 그림을 그려나가는 자에게는
장애물은 단련의 도구일 뿐이니
오늘이 그날이기를 바란다.

최선을 다해 그대를 기쁘게 하는 것이
그대를 보듬어 사랑하는 것이

오늘 그대가 할 일
내 몫의 나의 일을 쉬면서도
머리로 일을 한다는 건
인생 발전의 큰 축복임을 잊지 말고-

폭우

보름 내내 하늘의 모습은 칭칭 하게 어두웠다.
땅의 세계를 물속에 가뒀었다는
노아시대 40일 홍수 때도 그랬을 것이다.
해발 높이 400미터 아라랏 산까지 차오른
온 지면의 광활한 바다
그 물 위에 둥실 뜬 의인 가족의 방주 한척

제방이 무너진 일대
넘치고 넘치는 흙탕물 소란
난데없이 밀어닥친 거대 세력과
감히 싸울 수 없게 된 사람들
뒤돌아 볼 겨를 없이
신변부터 피하는 탈출을 시작한다.
곧바로 지면을 점령하면서
모든 것을 집어 삼킨 거센 물살

강줄기 범위는 산 아래까지 넓어졌다.
그 자리는 이전까지 안면 익은 사람들이
끈끈한 정을 나눴던 살림 터였다.
그 자취가 온데간데없이 사라지고
시린 강줄기로 전면 바뀌었다.
물속에 갇힌 키 큰 미루나무 위 가지만이
겨우 보일 뿐이다.

강물에 한때 잠겼던 집안 꼴은

쓰레기장을 방불케 했다.
쓸 만한 가재도구는 하나 없이
온통 진흙더미에 묻혀 버렸다.
마른 목 축일 식수는 물론이고,
기력을 받혀 줄 양식조차도 없다.
계속 이어질 거라는 빗속의 오늘 밤
어디서 야숙을 해야 할지.

한 순간에 삶의 터전을 잃고만
수많은 수재민들
누구를 향한 원망인지를 띄운 표정
저마다 우중충 어둡다.
보채는 아가에게 젖을 물린 색시의 남편인지
장발을 쥐어뜯으며 흐느껴 우는
새파란 젊은 청년

비가 내리지 않으면 당연히 무지개를 볼 수 없다.
해가 없으면 당연히 사물그림자는 뜨지 않는다.
자연의 재해로만 받아들이기에는
이해가 안 닿게 무서웠던 홍수
집중 폭우 어디서 피했다 나타났는지
평화롭게 비행하는 공중 잠자리

그 별

그는 턱을 쳐들어 회상에 잠긴다.
해가 서녘으로 기우는 높푸른 가을하늘
흰 구름 몇 조각이 꿈꾸는 듯이
고요히 떠 흐르며 있다.
오늘도 나를 비쳐주고 체내 균을 죽인
생령을 불어넣어 준 그 별이다.

온갖 병세로 전 세계인들 신음 속에서 살고 있다.
회의를 품은 불면으로 날밤을 세우고 있다.
그 좌절의 탄식 속에서 몸이 나에게 말을 낸다.
공포불안에 떠는 것은 마음의 병으로써
육체를 시들게 하는 병을 불러들이는 원인이 된다.
힘든 나날의 달력을 함께 넘기는
인류에게 들려주고 싶은 말
　　"힘내자. 희망은 절망의 끝자락에서 자란다."

11월 첫날이었던 어제 비로 공기 건조 완화됐다.
풀잎에 얹어진 구슬방울 동창 해 반사해낸다.
물가 생물들도 모처럼 뭍까지 올라와 일광을 쬔다.
그런데 하필 사람들의 왕래가 잦은 산책로이다.
제 건강 챙기는 사람들은 앞만 보고 걷지
뒤나 아래는 주의를 기우리지 않는다.
힘이 실린 사람들의 숱한 발길에
눈에 잘 띄지 않는 작은 생명체들이 밟혀 죽는다.
이동이 느린 굼벵이와

새끼 달팽이들의 사체 수가 늘어나고 있다.
시인은 눈에 띈 몇 마리 생명체를
풀숲으로 돌려보내는 수고를 한다.

밤의 자유

내 안에서 기본적으로 순환하는
자유로운 정신
최상의 힘에 가득 찬 행진으로
내륙의 해안을 지나 바위산을 거쳐
나의 출생지인 푸른 초야로
되돌아올 것이다.

세상사람 모두 분별없이 설쳐대고
그들이 애지중지 돌보는 반려 동물들도
그들의 정신없이 날뛰는 지랄방정 무서워
이리저리 거리를 헤매니
그것들과 멀리 비켜나있는 나의 길목도
순탄치 않구나.

달 모양새 매번 바뀌듯이 변하는 어리광
산산이 깨지고 무너지고만
지금까지의 나의 삶
내 것이라 하며 빼앗기지 않으려
어금니 악물고 붙잡았던 재물
시간과 공간을 잊을 수 있다면
끌어안을수록 고통의 짐 무거워지는 삶
가벼워질 터인데-

얼마나 겸손해져야 하늘의 분노
진정시킬 수 있는 걸까?

사랑에 빠지면 눈이 먼 다는데,
그래서 사랑하는 사람을 만들지 말라 했던데,
그 미친 사랑에 신세 망친 채찍을
뒤틀린 헤어짐이라 판단하고
감싸 주지 않으면 사랑하지 않는 증표라
답변 내리는 삭막한 사람들
자신만 생각하며 위로해 달라 하니
표준이 없다.

아픔도 내 감정 기쁨도 내 감정
세상에 나를 인정해주며 보듬어 안아 줄 이는
주체인 나 외에 다른 사람 없노니
재능은 재능일 뿐
그러나 내가 쓰지 않는 시간은
결코 내 시간이 아니므로 그 끝을 볼 수 없도다.
세상을 발밑에 두고 그 풍경을 즐겁게 굽어보는
최고의 자리에 오르려는 욕망에는
끝없는 갈증을 채워야 하느니.

휴식 같은 평화는 늘 아름답다.
자태 고운 백합 향기 별들의 밤을 채운다.
이 모양 저 모양의 생활로
평화를 누리는 사람들 중에
쓰라린 고통으로 신음하는 자의 밤은
기나 길수밖에 없고
사모하는 여배우의 사진을 끌어안고
입맞춤하는 솜털 얼굴 미소년의
짧은 밤은 달콤하다.

세상을 온통 에워싼 어두운 밤은
심신을 회복시킨다.
희망의 신념에 울리는 환청도
밤이면 잠잠해진다.
잠자다 죽은 자의 밤은
그 덮인 밤이 영원한 세상이 된다.
그다음은 신神의 은총을 입었다면
그 영혼은 황금보석의 천국으로
들림을 받게 되리.

낮에 일하고 밤에 잠을 자는 일꾼은
축복받은 사람이다.
자신의 임무역할을 마친 사람들
이젠 몸을 누이려 집으로 돌아가고
또 다른 일의 시작 준비로 순서를 기다리는
긴 줄의 야간 풍경
밤은 흥분으로 부풀어 오른 감정을
평온 상태로 돌려놓고
누구는 마비된 근육을 나른하게 풀고
그 자유는 구부정 신체조차도
나무라지 않고 편히 쉬게 한다.
낮에 노상에서 잠깐 스쳐 본 미상의
사람이 사기꾼이었음을
비로소 깨닫고 펄떡 일어나게 하는 밤
포동포동한 아기를 가운데 누이고
남편의 포옹을 거부하는 아내
이제 갓 싹을 틔우기 시작한 이성사랑에
몸 둘 바 모르는 흥분에 떨면서

잠을 쉬 이루지 못하는 사춘기 소녀
각자 집에서 잠자리에 함께 눕는 몸종과 주인
유연한 몸놀림
목덜미에 검은 점 하나
높은 코
미소 머금은 붉은 입술의 옛 연인이
새삼 그리워지는 이 밤!
화재 진압에 뛰어들었다 화마에 목숨을 내 준
동료 빈소를 지키며 눈시울을 적시는 소방관
깊은 요소를 머금은 밤의 화학 작용은
이렇듯 생명을 잉태시킨다.

자유로운 왕래

너와 나 사이에 선을 긋지 마.
경계를 짓는 담장도 쌓지 마.
우리 사이는 왕래가 자유로워야 해
춥다고 이불 속으로만 파고들지 마.
벌떡 일어나 햇살 밝은
바깥바람을 쐬며 기지개를 켜.
떠 흐르는 구름그림자에 뒤처지지 말고
네 목적을 향해 더워진 몸
더욱 뜨겁게 달아오르도록 힘차게 달려.
주어진 시간은 오늘이지 내일은 아냐.
내일 공기는 오늘과 달리
느낌 감촉이 새로울 거야.
그러니 흥분으로 덤비지 말고
이성으로 상황판단을 도모했으며 한다.

낮은 수온

한강얼음이 햇살의 수온을 막는다.
내내 춥다.
밤사이
베란다 수도도 얼어 더운물로 겨우 녹였다.
한낮 세상
발에 밟히는 새하얀 눈의 뽀드득 뽀드득
강추위 눈 구경 오래도록 즐기게 한다.

그나마 다행은 침상이 썰렁하여
밤잠 설치게 한 추위 풀려
흐르는 계곡 물에 목을 축일 수 있게 됐으니
아침의 새날이 다시금 피어오르누나.
한낮 일 준비의 군불이 아닐 수 없구나.

뱀에게 자식 빼앗긴 노파

　영물인 놈의 약 올리는 거짓말은 도가 지나쳐 오관이 동원된 분노를 일게 했다. 숨이 막힐 지경인 끄름 냄새 가득한 어둠을 좋아하는 거짓 영은 앉으나, 서나, 걷거나, 뛸 때도 일체로 따라붙으며 속삭였다. 사실과 거리가 멀수록 웬 말이 그리 득달한지 그 시간이 다가오면 슬그머니 꼬리를 감추면서
　"또 속았지?
라고 조롱 대는 음성 꼴은 흉괴 이상으로 얄궂다. 찔러 죽일 수도 씹어 먹을 수도 없는 간사한 영물 놈. 실체 없는 놈이 실존의 생명을 그토록 못살게 구는 행패는 임의로 선택한 사람의 세상 성공이 두렵기 때문이다. 그 사람은 두꺼운 얼음도 능히 깨는 통찰력 언어가 있고, 올바른 정의의 신앙관으로 하나님의 신원을 받고 있기도 하다.
　거짓 영은 나에게 이점을 진중한 이면으로 깨닫게 했다. 또한, 오늘 얻지 못했으면 내일 역시도 손에 쥘 수 없다는 현실적 유심有心도 가르쳐 줬다. 흰머리 지혜로 생존의 지평을 열어갈 수밖에 없다.
　선의로 위장한 가벼운 입만으로 한 인간을 파멸로 밀어 넣은 파렴치한 놈. 믿음을 저버리게 한 거짓 영. 하늘로 보내는 나의 감사노래를 시들게 한 저주 놈. 나와 나의 가장 깊숙한 본질을 산산이 깨부순 나와 나의 진정한 나를 잃게 한 괘심, 현실의 고민과 번뇌를 떨쳐버릴 수 없도록 현실계와 단절 시킨 고립.
　오랜 관계로 길들여진 놈의 입담에 귀 기울인, 나의 정신 차리지 못한 어리석음을 자책한다. 대놓고 속보인 거짓말을 굳게 의지하고 앉아, 거기서, 멈춰 명령에 순종한 태도를 회개한다.
　개인의 경제적 폐망, 한숨이 깊이 서린 비 활력, 운신 통제로 거리 둔 사회적 무책임, 환상에 빠져 머리만 굴리는 앉은뱅이 신세, 대인관계 불통으로 멀어진 사람들.

흐르는 물결은 어지럽다. 그 여세는 강둑의 진흙더미 위에서 존재를 부각한 어두컴컴하게 침침한 온갖 잡목림 숲을 헤집는다. 그 복판 광채의 햇살이 비치며 푸른 갈대들이 드러났다. 그 숲을 불태웠던 낙조도 이윽고 저물었다.

어둠이 빽빽하게 들어찬 숲 속 새들이 잠자리에 드는 시각, 강물 속 물고기들은 수면 위로 솟구치는 놀이를 즐긴다. 이와 달리 기슭은 서글픈 분위기에 잠겨있다.

태엽을 되감듯 악업은 악업을 낳는다. 미신을 신앙으로 믿는 노파는 동물 학대를 일삼는 성향이 있다. 특히, 위장의 꼬임이 사악한 뱀과 음식물 낚아채는 솜씨가 영리한 고양이를 가장 혐오한다. 유독 의심이 많아 자신조차도 미덥지 못하다는 변덕의 망상이 심해 두 동물은 아예 노파 근처는 가지 않으려 한다.

노파는 강변 지기이다. 외아들을 빼앗아간 원통에 매여 떠나지를 못하고 있다. 형세 왜소한 오두막에서 혼자 살고 있다. 주식은 해조류에 의존하고 있다. 세상에 남겨진 것은 하늘의 별빛들과 깔고 앉은 모래뿐이다. 낮에 여기저기 다니면서 주워 모은 나뭇가지 모닥불이 그나마 온기를 느끼게 하는 차가운 밤이다. 노파는 그 불꽃 속에 묻어둔 개펄조개가 익기를 기다리고 있다

인기척 없는 적막한 밤 잔잔히 흔들리는 물결을 미동 없이 응시하고 있는 노파, 기회만 있으면 고개를 들어 속삭이는 마음속 깊은 아랫목을 차지하고 앉은 의혹의 목청을 듣는다. 비웃는 표정을 짓고 있는 가면의 악마, 영혼을 차지하고자 필사적으로 덤벼드는 악의 화신

"죽었는지 살았는지 행방 모르는 아들이 보고 싶은 게로구나. 기대하지 마라. 아들은 내가 데리고 있다."

"돌려줘!"

악에 받친 노파의 도발적 외침이 허공을 갈랐다. 환영의 악마가 살생 머금은 잔인한 미소를 흘린다.

"내 영역에서 떠나!"

"아들만 돌려준다면 떠날게."

노파는 애처롭게 불안에 떨고 있다. 악마의 거짓말 전례로 미뤄 아들을 데리고 있다는 말은 믿을 수 없다는 반응이다. 노파는 악마의 하수인 뱀들의 소탕으로 투계鬪鷄를 다졌다. 다리와 귀가 없어 서로의 신호가 불가능한 뱀은 시력 역시도 약해 사물 식별이 희미하다. 자주 내미는 스스~혀로 공기·온도·진동을 감지한다. 또한, 신체적 약점은 허물(사퇴)을 벗지 못하면 죽는다는 점이다.

"악귀의 사신아, 내 가만 두지 않겠다."

노파는 바삭바삭 이를 갈았다.

노파는 동굴을 향해 모닥불 연기를 피웠다. 네 마리 새끼를 이끌고 마침내 뱀이 나타났다. 노파는 사정없이 몽둥이로 패대기를 했다.

"망령된 노망할망구, 내 가만두지 않겠다."

악마는 사납게 달려들어 노파의 목을 힘껏 죄었다. 노파의 다 죽어가는 신음은 숨결에 지나지 않았다. 들쥐 도망은 갑자기 나타난 고양이 때문이었다.

"꾹꾹 눌러 숨통을 막으세요."

고양이 응원이다.

"오냐, 네 놈도 달라붙어 엉덩이를 물어뜯어라. 네 이빨 부서지지 않도록 조심해야 할 게다."

"아이고 내 이빨. 할망구 엉덩이 바위예요."

고양이 비명!

"명이 질긴 할망구다. 도대체 어떻게든 죽일 수 없구나."

"불사신이란 뜻인가요?"

고양이가 말했다.

"이를 어쩌나. 요괴를 쫓아내려면 아들을 돌려줘야 하는데, 고기밥이 된 지 오래 걸-."

"저런! 사람을 집어삼킨 그 고기 살쪘겠네요."

"이놈아! 아, 그렇지. 네 놈은 생선을 좋아하지. 잘됐다. 네가 물속에 들어가 사람을 잡아먹은 그 고기를 잡아 할망구에게 아들입니다, 하면 되겠구나."

"싫어요. 난 물속이 무서워요."

후기

단 한 번만 주어진 나의 인생
나는 주어진 그 인생을 이렇게 살기로 했다.
지금까지 그래왔던 것처럼
책을 좋아 하는 차원을 넘어
책을 사랑하면서 인류와 소통을 나눌 것이다.

시는 기도
기도는 하늘의 응답을 기다리는
영혼의 호흡
시는 노래
노래는 마음을 여는 여흥

발행일/2025년 07월 07일

지은이/김성호

발행인/김성호

펴낸 곳/성미출판사

서울시금천구 시흥대로6길35-25(시흥동)리치힐 2층203호

창립일/2016/01/05

등록번호/720/93/00159

전자우편/sungmobook@naver.com

https://cafe.naver.com/sungmebook

전화/02-802-2113/010-7314-2113
FAX02-802-2113

ISBN/979-11-93864-16-6

판매가격=14,300
잘못된 책은 구입처에서 교환 가능합니다.